私立大学の教師教育の課題と展望

――二一世紀の教師教育の創造的発展をめざして

黒澤英典 著

学文社

武蔵大学研究叢書No.111（人文叢書No.30）

序　文

二一世紀初頭のわれわれをとりまく状況は、急激な変化にさらされている。とりわけ、一九九〇年からの十数年は、過去数百年に匹敵する変化の激しさである。しかも時代の潮流は決してよい方向にむかおうとはしていない。長期化した世界的な経済不況、それにともなう市民生活の不安感、とりわけ青少年の犯罪の激増、教育の場の荒廃と理念の喪失、学校だけでは解決できない問題等があげられている。

しかし、過去いずれの時代においても、青少年の育成はその国の未来にかかわるもっとも重要な課題である。その青少年育成の中心は、一八七二（明治五）年に近代学校が誕生して以来、なんといっても学校である。学校に対する父母・国民の期待は大きい。それは取りも直さず、学校すなわち教師に対する期待と信頼である。

社会が混迷していればいるほど、未来を担う子どもの成長と発達への期待は大きい。そこで、常に問われるのが教師の資質・力量である。教師の力量形成を担う大学における教師の養成のあり方がいつの時代でも問題とされる。

戦後の教育改革の大きな柱の一つであった、戦前の教員養成制度への深く苦渋に満ちた反省から、教員養成の民主化の二大原則が構想され実現された。その原則は、「開放制教員養成制度」と「教員は大学で養成する」である。この原則が、「教育職員免許法」改正のたびに形骸化され、次第に教員の養成が特定の大学に限りなく収斂する「目的養成制度」の方向に進められている。こうした状況は、私立大学における教員養成を困難にするものであり、戦後の教師教育改革を否定するものである。

わが国の私立大学は、先に述べたように、戦後、いわゆる開放制の教師教育制度のもとで、国公立の一般大学（学部）とともに、初等・中等教育界に多くの人材を送り出してきた。この実績は、私立大学の教師教育において果たす役割が、もやはけっして国立教育系大学（学部）の補完ではないことを明らかにしているものである。

しかしながら、一九七〇年代に入って、一躍第二次ベビーブームによる急激な教員需要によって、教職をめざす学生が急増したため、とりわけ教育実習の実施をめぐって、一般大学とくに私立大学の教職課程に、各方面からきびしい批判が向けられるようになった。この批判は、従前から各界の一部にみられた根強くあった開放制の教師教育制度に対する不信感をいっそう増幅させて、開放制の理念そのものを否定するような教員養成改革案を提案する団体や人々さえ現れてくるという、はなはだ残念な状況が生じた。こうした動向のなかには、開放制の教師教育制度それ自体に対する誤解や無理解さによるものや、私立大学の教職課程に対する偏見によるものも、さらには戦前の師範学校における教員養成制度に対する憧れなどもたしかに含まれていた。

しかしながら、私立大学における教職課程教育のあり方について、きびしく反省すべき問題点があったことを率直に認めなければならなかった。

このような状況に直面しているときに、わたくし自身私立大学の教職課程の責任者として就任したのであった。私立大学が、次世代を担う子どもたちの育成の専門的力量をもった教師を養成するという重要な国民的課題を、未来に向かって積極的に担っていくためには、なにをおいても教職課程教育の実態を把握して、学内における条件整備および教育内容・方法の再構築が求められた。そして、私立大学はそれぞれ独自の建学の理想があり、歴史的な伝統が息づいている。この私立大学の固有の特色を生かした教職課程教育を構築し、特色のある資質・力量を兼ね備えた個性豊かな教師を教育界に送り出すことが、父母・国民から求められているのである。

本書を構成する諸論文は、私立大学の教職課程教育を実践するなかで、開放制教師教育の理念の具体化として、とりわけ、一九八〇年代以来、教育職員免許法の度重なる改正によって開放制教師教育の危機に直面した、その時々の焦眉の課題に対して、次のような教職課程教育観にもとづいて論究したものである。

(1) 教職をめざすものは、研究・教育の自由が保障され、学問的精神の旺盛な大学において養成されるべきこと。

(2) 私立大学は、各大学の建学の精神を活かす人間形成の理念や方法を、教職課程の教育の根底におくべきであること、建学の理想をさまざまな仕方で探究する教師たちや学生たちの集団が、大学内外で、意図的に、あるいは無意図的につくりあげている自由な人間形成の場のもつ教育力こそ、私立大学における教師教育のもっとも重要な基礎であり、教師としての専門的な能力もこのような人間性の陶冶と相俟ってはじめて開花するものであること。

(3) 私立大学における教職課程教育は、このような基礎のうえにさらに全学的な教学計画の一環として位置づけられるべきこと。

(4) 私立大学の教職課程は、履修指導の充実、教育実習希望者の資質や学力水準の向上、実習委託校との連絡協力組織の整備等に全学的な責任体制をとり、いっそうの努力を尽くすこと。

(5) 教職専門教育については、履修学生の自覚を促し、その学習意欲を向上させるためにも人的、物的条件の整備をはかり、授業内容の充実やその方法の刷新に努めるべきこと。

(6) 教育実習は、教職をめざす学生が、教師の仕事の実際に触れてみて、みずからの決意と適性とを最終的に確認するとともに、自己の人間的および学問的未熟さを自覚して、未来に向かってあらたな学習課題を発見するための経験学習の場として位置づけられるべきであること。

(7) 教師の養成、採用（選考）、研修等の諸段階には、それぞれ固有の意義と役割があるが、これらの諸段階を通じて、豊かな人間的魅力と、自由な学問的精神を身につけた真に民主的な教師の育成をめざす開放制の教師教育の理想は、一貫して尊重されるべきであること。

以上述べてきた七つの教職観・教師観は、本書の各論稿の論旨に一貫して流れているこの三〇年間の私の教師教育の実践を勇気づけ、未来に希望を与えてくれ、そして支えた理念である。大学における教師養成教育は、履修学生にとって、彼らが将来、かりに教師にならなかったにしても、彼らが一市民として、聡明な父母として、あるいは地域の教育を支える住民の一人として、とりわけ学校や教師のよき理解者・協力者として、二一世紀の国民教育を担い、支え、創造的に発展させていくための素地を築いていくものと確信している。

本書の構成は、一〇章よりなっているが、各論文を執筆した事情を述べると次の通りである。

第1章の「教育職員免許法（以下、「教免法」）改正の動向と私立大学の教師教育の課題」は戦後最大の教員養成制度の改正で一九八八年に実施された。その内容は、教員の免許状の「種別化」「免許基準の引き上げ」「上進制」「社会人活用」等、開放制教師教育の制度を根底から覆そうとするものであった。次の二論文は、一九八八年の教免法改正に対して私立大学は、開放制教師教育の危機として受けとめ、各大学の自律的な教師教育の理念・内容の改革動向を科研費調査（「新教育職員免許法の下における教育者養成教育に関する総合的調査研究」一九九一年度、研究代表三輪定宣千葉大学教授）によってとらえ、私立大学の特色を活かした教職課程カリキュラムを構築し、第2章「教師教育カリキュラム編成の理念と私立大学の教職課程カリキュラム改革の動向」は、日本教育学会第五〇回大会（一九九一年）で提案したものをまとめたものである。第3章の「私立大学における教職専門教育科目構築の理念」は上記の通りであり、全国私立大学教職課程研究連絡協議会（以下、全私教協）第一〇回（一九八八年五月）研究大会で基調提案をしたものを中心にまとめたものである。

第4章の「大学改革のもとでの教育者養成カリキュラム編成」は、一九九一年に「大学設置基準」の大綱化が行われたが、この大綱化のもとでの教師教育カリキュラムの編成について、科研費による調査（「大学設置基準の大綱化の下における教育者養成教育に関する総合的調査研究」一九九二～九三年度、研究代表長尾十三二中央大学教授）をもとに論究したものである。

第5章の「私立大学における教師教育の課題」は、上記科研費調査をもとに私立大学と国立教育学部との教師教育について比較したうえで、私立大学の教師教育の課題を述べたものである。第6章の「転換期における青年の未来選択と教師教育 ― 全私教協一五年の歩みを視座に据えて ―」は、全私教協第一五回大会基調講演（一九九五年五月）をまとめたもので、未来に向かっての教師教育を「希望としての教師教育」の視点から述べたものである。

第7章の「介護等体験特例法と今後の教員養成の課題」は、科研費研究『教育実習及び介護等体験の教育的意義と内容・方法に関する総合的調査研究』（一九九八～九九年度、研究代表黒澤英典）にもとづいて、介護等体験の実施状況を調査結果をもとに教員の資質・力量形成に与える影響等について、東京地区教育実習研究連絡協議会を中心に実施上の問題点を指摘したものである。第8章の「二一世紀に向かっての教師養成の基本的課題」は、一九八八年の教免法改正と一九九八年の教免法改正の比較を通して二一世紀に向かっての教師に求められる資質・力量について述べたものである。

第9章の「教員の養成・採用・研修の連携と構造化の課題」は、教育職員養成審議会の「養成と採用・研修との連携の円滑化について（第三次答申）」（一九九九年一二月）の検討を通して、開放制教師教育制度のなかで構造化していけるかについて論究したものである。これは全私教協研究大会第一八回大会分科会で報告したものをまとめたものである。

第10章の「私立大学における教師教育の展望―二一世紀の教師教育の創造的発展をめざして―」は、第二三回全私教協研究大会シンポジウム提案をまとめたもので、全私教協の遺産とその継承について、全私教協の成立の経緯とその理念をもとに、二一世紀の私立大学の教師教育の未来への展望を追求したものである。

ここに収録した論稿は、日本教育学会、日本教師教育学会、全国私立大学教職課程研究連絡協議会、関東地区私立大学教職課程研究連絡協議会および東京地区教育実習研究連絡協議会等の多くの研究者との論究・交流のなかでうまれたものである。この場をかりて、これらの多くの方々に深く感謝の意をあらわしたい。また、本書の刊行にあたっては、武蔵大学二〇〇五年度研究出版助成を受け、「武蔵大学研究叢書（No.111）人文叢書（No.30）」として出版するものである。ここに記して謝意をあらわしたい。

さらに出版にあたっては、学文社三原多津夫氏にお世話になった。厚く御礼を申しあげたい。

二〇〇五年一一月　小春日和の日に

黒澤英典

目次

序文

第1章　教育職員免許法改正の動向と私立大学の教師教育の課題 —— 15

第1節　教育職員免許法改正の理念の変遷 …… 15

1　戦後教員養成制度改革の理念　15

2　教育職員免許法改正の経緯　17

3　教育職員免許法改正の動向　20

第2節　教育職員免許法改正の問題点 …… 22

1　免許状「種別化」の問題　23

2　免許基準引き上げの問題　23

3　免許状「上進制」の問題　25

4　「弾力化」の問題　26

5　「社会人活用」の問題　27

第3節　私立大学の免許法改正に対する対応 …… 28

第2章　教師教育カリキュラム編成の理念と私立大学の教職課程カリキュラム改革の動向 37
第1節　教師教育カリキュラムの編成理念…… 37
第2節　私立大学における教師教育カリキュラムの構造…… 39
第3節　新教免法への対応と教職専門教育科目編成の事例…… 42
第4節　開放制教師教育の危機に立って…… 52
第3章　私立大学における教職専門教育科目構築の理念 55
第1節　変革期における教師教育…… 55
第2節　教免法改正に対する基本理念…… 56
第3節　教免法改正をめぐる諸問題…… 57
第4節　教職専門科目の再構築の理念…… 64
第5節　現代の教師に求められる力量…… 67
第6節　教職専門科目編成の原理…… 74
第4章　大学改革のもとでの教育者養成カリキュラム編成 83
第1節　問題提起…… 83
第2節　大学の大綱化への対応…… 84

第3節　転換期の教師に求められる力量……88
第4節　教師教育と一般教育のかかわり……92
第5節　教師養成のカリキュラム編成……96
第6節　まとめ ― 教師養成カリキュラム試案……101

第5章　私立大学における教師教育の課題――105

第1節　現状分析 ― 問題点の指摘……105
第2節　私立大学の免許状取得者と教員就職者……107
第3節　教師に求められる力量とは……109
第4節　私立大学における教師教育の課題……116

第6章　転換期における青年の未来選択と教師教育
―全私教協一五年の歩みを視座に据えて――119

第1節　転換期の地球社会と子ども・青年の教師教育をめぐる状況……119
第2節　青年の未来選択と教職課程教育 ― 履修学生の意識動向を中心に……120
第3節　二一世紀に向かって求められる教師の資質・力量……125
第4節　大学改革における教職課程教育の課題……126

第5節　青年の未来選択としての教師への道……127
第6節　希望としての教師教育……131

第7章　介護等体験特例法と今後の教員養成の課題――135

第1節　問題提起……135
第2節　介護等体験の特例法の目的および成立経緯……136
第3節　東京地区教育実習研究連絡協議会の主な取組み……138
第4節　介護等体験の実施上の問題点……146
第5章　おわりに……149

第8章　二一世紀に向かっての教師養成の基本的課題
――一九八八年および一九九八年の教育職員免許法改正の問題点――151

第1節　問題提起……151
第2節　一九八八年の教免法改正の経緯と動向および問題点……153
第3節　一九九八年の教免法改正の経緯の動向と問題点……155
1　教養審第一次答申の概要　156
2　教育職員免許法の概要と問題点　158
第4節　一九八八年の教免法改正に対する大学教育の対応……159

第5節　一九九八年の教免法改正に対する大学教育の対応……161
第6節　二一世紀に向かって教師に求められる力量・資質……171
第7節　教師養成の基本的課題……173

第9章　教員の養成・採用・研修の連携と構造化の課題……177

第1節　問題提起……177
第2節　今回の教養審答申の問題点……178
第3節　第三次答申の全体構造と問題点……181
第4節　教免法改正に対する大学教員の意見……185
第5節　養成・採用・研修の連携と構造化の課題……188
第6節　開放制教師養成制度の発展を願って……191

第10章　私立大学における教師教育の展望
——二一世紀の教師教育の創造的発展をめざして——……195

はじめに……195
第1節　戦後の教員養成制度の改革動向……197
第2節　「京教協」の発足の経緯と教師教育における意義……201
第3節　「京教協」の創設の理念と合意事項……205

第4節　日本教育学会での「京教協」実践の報告……209
第5節　「全私教協」の設立の経緯と開放制教師養成制度の堅持……211
第6節　「全私教協」結成とその遺産の継承……216
〔資料1〕「教師教育の在り方について(第一次態度表明)―私立大学の立場から」
(全国私立大学教職課程研究連絡協議会)……225
〔資料2〕「教育職員免許法改正とわれらの課題――私立大学の立場から」
(全国私立大学教職課程研究連絡協議会)……232
索　引

私立大学の教師教育の課題と展望

——二一世紀の教師教育の創造的発展をめざして

第1章　教育職員免許法改正の動向と大学の教師教育の課題

第1節　教育職員免許法改正の理念の変遷

1　戦後教員養成制度改革の理念

今回（一九八八年）の教育職員免許法（以下、教免法）の改正の諸問題の検討に先立って、はじめにまず戦後教育改革の一環として行われてきた教員養成制度改革について、その改革の基本として、戦前の教員養成制度の批判的検討にもとづいて樹立された諸原則をここで再確認しておきたい。

戦後の教員養成制度問題を考える場合、まずはじめに確認しておくべきことは、何よりも戦前から師範学校制度による養成を廃絶し、「教員養成は大学において行なう」（教育刷新委員会第五特別委員会）という原則と、これにもとづいて、教員免許は教免法に従った教職課程を置く大学なら、いずれの大学でも教員養成[1]を行うことができるという「開放制教員養成制度」によるという二つの制度を確立したことである。

つまり、真理と平和とをもとめ、豊かな人間性をもつ新しい国民の教育は、閉鎖的でない自由な教育制度のなかで養成された教師によってはじめて可能であり、その教師たちが国民の知的形成に責任をもちうるためには、教師自身真の「学問」をしていなければならないという考え方が「大学における教員養成」という制度の論拠にほかならない。大学における開放的な教員養成の理念は、国民の教育を受ける権利と知的探究の自由の保障という戦後教育改革の基本理念とのかかわりにおいて出発したものととらえるべきである。

それゆえに、教員養成制度と大学制度という二つの制度は、両者まったく別個に存在するのではなく、教員養成制度は、「学問の自由」と「大学の自治」の保障に裏づけられた大学制度の上に、その価値を尊重し、また必要とするものとして構想され、形づくられたものであることは自明の事実であるが、しかし、今日、教員養成制度改革問題を論ずるとき、このような教員養成制度の理念自体をも、確認する必要があると考える。今回の教免法改正にかかわる臨時教育審議会（以下、臨教審）、教育職員養成審議会（以下、教養審）の教員養成制度改革をめぐる論議において、こうした審議会の論理が、この戦後教育改革の理念を根底から否定する方向で進められているとき、われわれはその力に流されるのではなく、戦後の教師養成教育の理念に立ち帰り、それらを再確認することを通して、原理的立場から、国の教員養成政策に対して批判を加え積極的に戦後教師教育の理念にもとづきつつ、子どもの人権を尊重し、国民の期待に十分に応えうる教員養成教育を構築していきたいと考える。

しかし、今回の教免法の改正は、政策的には制度を改編し、大学における養成と開放制の原則を大きく変更しようとするもので、戦後教育改革と深くかかわってきた教師養成制度をその根底から覆す内容を含んでいる。そこで、次に一九四九年に教育職員免許法が成立してから今回の改正に至る経過を概観しつつ、今回の教免法改正が教員養成制度上どのような意味をもつものであるか、またいかなる意図と目的が込められているか検討したい。

2　教育職員免許法改正の経緯

戦後教育改革の進展のなかで、一九四九（昭和二四）年に制定された教免法は、民主教育という理念に立ち、徹底した免許主義・免許行政の地方委譲・現職教育の重視という原則のほか、大学における養成と開放制という原則を選択した。法律で定めた一定の条件を満たした者に教師としての資格取得を開放するという原則は、戦前の教師養成制度の考え方を根底から覆した画期的なものであった。こうして制定された教免法は、一九四九年の公布・施行以来、表1・1に示すように十数回の法改正が行われた。その主なものは、次の通りである。

⑴　一九五三年の改正で、当初の完全開放制から、教師養成課程は文部大臣が定める基礎条件を満たす必要があるとする課程認定制度へ移行した。この課程認定制度は、戦後の教育改革による新制大学発足直後であったため、国立の教員養成系大学でさえ、物的・人的条件整備が十分でなく問題となっていた。とくに一般私立大学における教師養成は多くの困難な問題をかかえての出発であった。そうした状況のなかで、早くも一般大学における免許状乱発が問題点として指摘され、教養審で、大学の与える単位が無条件に免許状取得に有効であることを改めるべきであるとして、免許法上の「取締まり」の方法として認定制度を設けることが提案され、法改正が行われたのであった。この課程認定制度がやがて大学の自主的な教職課程カリキュラム編成権を、文部当局が拘束することになるのである。

⑵　一九五四年の改正は、今日に至るまで十数回にわたって行われている教免法改正のなかでも、免許状の種類および免許基準の改定等の免許制度の根幹に触れる大改正であった。主な改正点は校長、教育長、指導主事の免許状および教諭、養護教諭の仮免許状の制度を廃止したこと、高等学校教諭一級普通免許状の授与の所要資格について直接養成の制度を設けたこと、教諭および養護教諭の免許状の上進の場合に、経験年数により単位数を軽減する

関係略年表

年　月	事　　　　項
1978. 2 (昭和53)	教養審，教職課程の「審査基準」「審査内規」決定
6	中教審「教員の資質能力の向上について」答申：養成・実習・採用・研修について，採用後1年程度の実地研修，現職教育の研修のための大学・大学院
9	教養審「教育実習の改善，充実について」専門委員会報告：実習に関する諸問題
1981.11 (昭和56)	自由民主党文教部会教員問題小委員会「教員の資質向上に関する提言」(第2臨調路線) ①採用制度の改善 ②教員研修 ③教員養成・免許制度の改善
1983.11 (昭和58)	教養審「教員の養成及び免許制度の改善について」答申：実習幼小8・中高6単位等
1984. 3 (昭和59)	政府，「教免法改正案」を国会に提出（8.8廃案）
8	「臨時教育審議会」設置法公布

臨教審		教課審		教養審	
85(昭和60) 6.26	「第1次答申」	85.9.10	諮問	86.5.23	諮問
86(昭和61) 4.23	「第2次答申」	86.10.20	中間まとめ	87.10.7	中間答申
87(昭和62) 4.1	「第3次答申」	87.11.27	審議のまとめ	87.12.18	最終答申
87(昭和62) 8.7	「最終答申」	87.12.24	最終答申		

年　月	事　　　　項
1988.5.5 (昭和63)	「教育公務員特例法」改正公布（初任者研修制度）
12.28	「教育職員免許法」改正公布
1989.3.15 (平成1)	「幼稚園教育要領・小中高学習指導要領」一斉同時改訂告示
3.22	「教育職員免許法施行規則」改正公布
3.27	文部省「免許法関連諸法令改正・課程申請関係説明会」開催
9.30	〔再課程認定〕
11.30	中学校専修免許状申請
12.22	教育職員免許法の一部改正（高校社会科「地・歴」「公民」に再編）
1990.4.1 (平成2)	新免許法適用
9.30	高校「地・歴」「公民」申請

表1.1　教員養成

年　月	事　　　項
1949.5（昭和24）	「教育職員免許法」「同施行法」公布：大学における養成原則，開放制養成原則
1953.7（昭和28）	同上　一部改正：課程認定制度の発足
1954.6（昭和29）	同上　一部改正：①仮免許状廃止　②教育長・校長・教頭の免許状廃止
1958.7（昭和33）	中教審「教員養成制度の改善方策について」答申：目的大学化，国家基準強化
1959.7（昭和34）	「教免法施行規則」一部改正：一般教育・人文科学系列の倫理学・哲学・宗教のうち1科目必修，教職専門に「道徳教育の研究」2単位必修追加（前年の指導要領改訂と連動）
1962.11（昭和37）	教養審「教員養成制度の改善について」建議：目的養成大学の設置，開放制を制限
1965.6（昭和40）	教養審「教員養成のための教育課程の基準について」建議：小中学校の各課程の特色づけと科目・単位の編成基準
1966.2（昭和41）	教養審「教免法の改正について」建議
4	「教免法」改正案国会提出，審議未了廃案：①級別（1・2級）を廃し，修士・学士・短大卒別に分ける ②試補制度の創設 ③単位数の増加（この年から学芸大学・学芸学部が教育大学・教育学部と名称変更）
1971.6（昭和46）	中教審「今後における学校教育の総合的な拡充整備のための基本的施策について」答申：①初等教育教員の大部分と中等教育教員の一定割合は教員養成大学が養成 ②教職科目の単位引上げなど基準の改善 ③1年程度の初任者研修制度 ④社会人登用のための検定制度の拡大 ⑤現職教員の研修を目的とする大学院大学の創設 ⑥5段階教員給与体系の検討等
1972.7（昭和47）	教養審「教員養成の改善方策について」建議：同上答申の具体化（上級・普通・初級）　この年，自由民主党文教制度調査会・同文教部会「中間報告」（7月），国大協「報告書」（11月），教大協「改善策」（12月）などが相次いで出されている。
1973.7（昭和48）	教免法改正：小学校教員資格認定試験創設，一般教育科目中「憲法」必修削除

ことおよび二級普通免許状所有者が在職年数（一五年）のみで一級普通免許状を取得できる措置を講じた。さらに、大学における最低修得単位数（免許基準）を改めたこと等が注目できる。

(3) 一九六八年の改正は、免許状の授与権を都道府県教育委員会に一元化した。

(4) 一九七三年には小学校教員等の資格認定試験制度が導入され、一般教育科目の最低履修単位数および単位取得方法に関する規定が削除された。

以上の教免法の改正の経過を見ると明らかな通り、一九五四年の改正後は、免許状の種類・免許基準という免許制度の根幹にかかわる改正は行われておらず、免許法の基本的理念と性格は引き継がれている。

3 教育職員免許法改正の動向

教免法成立以来すでに三十数年間、基本的改正が行われなかったのは、文部当局にその意図がなかったわけではない。過去何度も、制度の改編が構想され、文部当局において制度改編が試みられてきた。今回の教免法の基礎となった臨教審「答申」と教養審「答申」も、その延長線上に位置づけられる。その意味では、今回の教免法改正は一九四九年教免法公布以来、文部当局が一貫して懸案としてきた諸問題を一度に解決しようとしたものといえる。

とくに、改正の提案のなかでも、一九五八年の中央教育審議会（以下、中教審）の「教員養成制度の改善方策について」の答申は、「目的大学化」、「国家基準の強化」など、その後の教師養成・免許制度改革を方向づけたものとして重要である。

そこでは、国が設置または認定した教員養成大学で小・中・高校の教師の大部分を養成し、普通免許状を授与するが、一般大学卒業者には国家試験合格後、仮免許状を与え、所定の実習・研修を経て普通免許状を授与するというように、教員養成系大学・学部と一般大学の間に差別を設け、教員養成にかかわる大学の再編成を促すほか、免許状授与権者を国に移し、教師養成制度に関する国の権限の強化をその内容としていた。いわば、国家主導による目的養成とし、開放制を廃止し、閉鎖制への制度原理の転換を意図するものであり、まさに、「戦後教育改革」の見直しを意図するものであった。この一九五八年の答申に示された「改革」の基本的構想は、「検討課題」として、その後の教育関係審議会に受け継がれ、今回（教免法改正公布、一九八八年一二月二二日）の改正のなかに盛り込まれているといってよい。今回の改正にかかわる主要な政策提案について、その後の動向を含めて要約すると次のようである。

a　学歴に応じた免許状という改正案は、一九五八年の中教審「答申」に基本的な考え方が出ている。それが一九六六年の教養審「建議」で、修士・学士・短大卒の各基礎資格に応じた三種類の免許状を設けることが提案されている。一九七二年の教養審「教員養成の改善方策について」建議で、具体的に上級・普通・初級という名称がつけられ、さらにその後、一九八三年の教養審「教員の養成及び免許制度の改善について」答申で特修・標準・初級となり、今回（一九八八年）の改正で専修・一種・二種となった。つまり、新たに創設された初任者研修制度とともに、教職の管理体制化（専修は経営層、一種は管理層、二種は作業層）の強化に結びつく改変であり、名称は変わっているものの、考え方は一貫している。

b　在職年数（一五年）を基礎とする免許状上進制度の廃止案は、一九六六年の教養審「教免法の改正について」建議、一九七二年の教養審建議等で提案された。それは一九六〇年代以降の現職教育制度の整備すなわち、教員の行政研修の強化と呼応している。

c　免許基準の引上げは、一九五八年の中教審「教員養成制度の改善方策について」答申で開放制から閉鎖制への転換が企図されて以来、懸案とされてきた。教員養成系大学・学部とその他の大学・学部に分けて教育課程の基準を示した一九六五年の教養審「教員養成のための教育課程の基準について」建議、これにもとづいて免許状取得のために最低履修単位数等を提案した翌一九六六年の教養審「教免法改正について」を経て、一九七二年の教養審「教員養成の改善方策について」建議ですでに今回の改正の基礎となる提案が行われた。

すなわち、教科専門科目の単位数増加と甲乙教科区分の廃止・教職専門科目の領域指定化と各領域の区分の仕方、および単位数等の内容は、すでにその時点で基本構想が出来上がっており、それが一九八三年の教養審「教員の養成及び免許制度の改善について」および一九八七年の教養審最終答申へ受け継がれ、今回の改正に引き継がれている。

ｄ　教師養成・免許制度の「弾力化」の名のもとに提案されてきた特別非常勤講師制度・特別免許状の創設・教職特別課程の設置は、社会人活用と表裏一体で考えられている。それは、高等教育再編という方針のもとに、教員養成大学を職能大学として位置づけ、社会人を受け入れるために検定制度の見直しを提案した一九七一年の中教審「今後における学校教育の総合的な拡充整備のための基本的施策について」答申にもとづいており、その後、臨時教育審議会提言と今回の教養審「答申」を経て具体化されたものである。

第2節　教育職員免許法改正の問題点

今回の免許法の改正は、すでにみてきたように中教審、教養審などによって企画されてきたものに加え、臨教審の提言を含めた教免法成立以来もっとも大きな制度改革である。ここでは、端的に開放制教師教育の理念と原則に

照らして、その問題点を指摘したい。(2)

1　免許状「種別化」の問題

従来の教育職員免許法は普通免許状を一級免許状と二級免許状に分けてきたが、大学卒業の者で二級免許状を持って義務教育学校の教職に就く場合があり、さらに、一五年在職経験で一級免許状への上進が可能であったから、実際には、級差が教師間に差別感覚をもたらすことはなかった。これに対して、新免許法は、新しく「専修免許状」が設けられ、「一種」(大学卒業)、「二種」(短期大学卒業)の三種類の免許状が出されるようになった。そして、一五年在職経験で免許状が上進する制度の廃止と合わせて、免許状の種類化は学歴別「階層化」の性格を強めることになる。

もともと専修免許状は、一九七一年の中教審答申が、教員の階層制強化策を主張するなかで、「高度の専門性をもつものに特別の地位と給与を与える制度」として打ち出し、一九七二年の教養審建議が上級免許状として提言した考えにもとづいている。専修免許状の新設は、学歴＝免許状別により教師間に無用の上下関係を持ち込み、差別意識を助長することは必定である。本来、基本的には、対等平等の関係で交流し共同しながら力量を向上させていくべき教師集団を分断するばかりか、子どもや父母たちの間にも教師に対する偏見を生ぜしめるおそれが少なくない。

2　免許基準引き上げの問題

今回の法改正では、教科専門科目についてそれぞれ単位数増加が行われているが、その具体的履修方法を規定する文部省令について論及したい。

(1)「教科専門科目」については、中学・高等学校（一種）の場合、すべての教科について四〇単位を必修としている。しかし、広域教科と狭域教科の区別を廃止した理由を明らかにしていない。小学校では新設の「生活科」を含めて九教科全科目を必修としている。これは小学校課程を置く多くの国立教育系大学・学部がピーク制（特定教科の専修制）をとり、小学校でも教科の専門性を重視している動向に逆行している。必修化は全教科教材研究（教職専門科目）の必修と合わせて、ますます断片的な知識技術の詰込みを強要し、小学校教師の深い学識形成をさらに困難にする。

(2)「教職専門科目」については、中学、高等学校の場合には一四単位から一九単位に増え、小学校では三二単位から四一単位へと大幅に増加している。第一の問題点として、学問的根拠もなく、このように免許基準に関して単位増、科目増を行うことは、大学がそれぞれの建学の理想や教師教育の理念にもとづいて創造的に行う個性的なカリキュラム編成を困難にするものである。とりわけ、一般大学は教育系大学・学部と異なり、それぞれ専門の学部・学科を持ち、大学としての適切な履修単位の原則にもとづき独自の専門教育カリキュラムを有しながら、一般教育と教職課程教育との綜合によって教師養成を果たしていく一般大学の立場を無視ないし軽視しているといわざるをえない。

第二には、文部省令による科目指定によって大学における教師教育の内実への行政介入のおそれが大きいという問題である。まず、教職専門科目の一部が従来の科目指定（教育原理、その他）から「教育の本質と目標に関する科目」その他の領域指定に変えられている。一九七二年の教養審建議がすでに示した考え方で、教職教育の内容に弾力性をもたせ、大学独自にそのあり方をより深く探求する余地をもたせているという意味で考えれば、一応評価すべき点があるように思われるが、しかし、教育学とその研究の体系にもとづく領域区分とは微妙に、かつ、重要な差異がある。たとえば、「教育の本質と目標に関する科目」ではなく「教育の本質と目的の研究に関する科目」である。こうした領域指定による具体的な科目指定については、行政側の恣意的な介入を排し、あくまで大学の主体性を堅持していくことが肝要となる。

3　免許状「上進制」の問題

下級の免許状を所有する者が上級の免許状を取得しようとするとき、最低在職年数を越えた年数に従って必要とされる単位数を逓減する措置は従来からとられてきた。しかし、改正以前は各校種とも一級免許状に上進する場合、在職年数が一五年を越えた者については単位取得を要しないことになっていたから、免許状の上進制について、臨時免許状から二級免許状への上進の場合を除くと、単位を履修する機会と機関については必ずしも深刻な問題を引き起さなかった。しかし、今回の改正によっていくつかの問題となる事態が生じると考えられる。

(1)　今回の改正で、在職年数に応じた修得単位逓減の措置が講じられているが、二種免許状を一種免許状に上進させるためには一二年間の勤務後、三年以内に一〇単位を履修しなければならない。そのことを怠ると一種免許状取得のための単位の軽減措置は講じられなくなる。この場合、単位を修得する機会と機関はどういうことになるであろうか。法令では単位の履修場所を「大学」としている。しかし、大学において単位を修得することが困難な者については、文部大臣が指定する機関、講習会、通信教育、大臣が大学に委嘱して行う試験で単位を修得させることになる。これらの機会が、いずれも教師の自発的自律的な参加を前提とする教育研修の機会ではないことを思うと、これらの機会の利用が結局教師研修の強化策の一環として機能するのではないかと案じられる。

(2) 専修免許状を現職の教師が取得する場合、公立学校関係で一般的に予想されることは、新構想教育大学大学院へ研修に赴くか、国立大学大学院・専攻科へ研修に赴くことである。従来の例に即してみる限り、そのような場合に私立大学に学ぶことはきわめてまれであった。このことは、教師一人ひとりに自由な研修を保障することにつながらない。つまり、行政当局が行う教師の人事考課に即して限られた教師に研修機会が与えられるだけであって、望む者が、何時でも、何処でも必要に応じて大学・大学院等に研究の機会を求めることができるわけではない。

(3) 新しい上進制が教師による自律的な研修をまったく制度化の対象から外し、また、一〇年を越え一二〜一五年に及ぶ教師の実践的経験を専門的力量形成の実質的成果であり基礎であるとして評価しなかったことは、管理強化という意味合いからも、教師の専門性の担保を教師の当事者性に求めず、行政の側に求めたいという意味合いからも看過しえない点である。

4 「弾力化」の問題

法律の改正にともない、「教職特別課程」が開設されることになった。大学在学中教職課程を履修しなかった社会人や学生が、この課程で教職に関する専門科目等を履修し、一種免許状または専修免許状を取得することができるようになった。また、大学における教科に関する専門科目の履修方法についても、課程認定大学以外の大学で履修した関連科目の単位を、課程認定大学の裁量にもとづき必要当該単位としてカウントすることができるように、弾力的に措置することができるようになった。これらの改革は、教職に就くことを希望する学生に、その機会を広げて提供することになり、また大学の裁量を尊重する等、改善された内容を具えているが、しかしながら、いくつかの問題点を指摘しなければならない。

(1)　教職課程カリキュラムは、一般教育・専門教育・教職専門教育の総合をめざすものである。各科目は大学の独自の判断と工夫にもとづいて学年別に配当され、教師に期待される力量を形成するために、学習と研究の内容が有機的に関連づけられ構造化されるように配置されている。このような方針と異なり、教職専門科目の履修を、短期間内に、他の教科の学習と切り離して行わせようとする方法には問題がある。

第一に、一般教育・専門教育・教職専門教育の基本三領域の学習と研究を、大学独自の教育理想のもとで、個々の学習者の内に綜合させることが不可能になる。とくに、大学という学生の共同体のなかで各種の自治的活動を通して獲得するさまざまな経験と知見のなかに、教職に就く者が必要とする学識と人間的成熟の契機を根づかせる機会が奪われることになれば重大である。

第二に、教職専門科目の年次的構造的配列が拒まれ、教職にかかわる専門的学識を有機的体系的に学習させる機会と方法が著しく制限される。

第三に、教師の専門的力量の基礎をなす実験的な教職体験を、学部教育の比較的早期に科目として配置する機会を大学から奪い、実験的教職体験の後、諸経験を学問的科学的に総合するような研究の機会を学生から奪うことになりかねない。それは、教育実践における創造的な力量を教職を志す学生に保障するものではなく、狭い意味の技能の修練と模倣に終わる教師教育に堕すおそれがある。

5　「社会人活用」の問題

今回の免許法改正のうち臨教審の改革意向をもっとも色濃く反映したもののひとつは、いわゆる「社会人の活用」であった。「特別免許状」と「特別非常勤講師」の両制度の導入はこの路線に沿うものである。しかし、この制度には基本的に次のような問題がある。

(1) 特別免許状の交付は、任免権者の推薦・検定試験・採用が一体となって機能することを意味する。教職に就く機会の平等を尊重する原則のもとでは、この方法は原則に抵触するおそれがある。とくに、近年のように教師の選考が厳しく、採用について競争が激化している状況のもとでは、そのおそれはなお大きい。任免権者や雇用者の情実がはたらく余地も大きい。

(2) 教育職員検定試験は一定の条件を満たした者についてのみ行われ、免許状授与権者は合格の判定をするにあたってあらかじめ学識経験者あるいは文部省の定める者の意見を聞かなければならないことになっている。しかし、普通免許状をはじめ他の免許状に関する検定が「教職に関する専門教育科目」を既定条件の中に含んでいるのに対して、特別免許状の場合はそれらが排除されている。これは、一方で教職専門教育科目の最低履修単位数を増やしたことと対比するとき著しい自己矛盾である。

(3) 特別非常勤講師の導入は教科の教授や実習指導についてもはかりうるから、その結果、免許状を持つ有資格者を講師の職から排除したりすることになれば、学校の職場への無用な混乱を招くことにもなろう。

以上五点が、今回の教免法改正の問題としてあげることができる。さてこの改正に対して、私立大学は基本的にどのような考え方でこの改正に対応したか述べておきたい。

第3節　私立大学の教免法改正に対する対応

今回の教免法の改正は、すでにみてきたように、事実上「開放制」教師養成を全面的に否定する危険性を孕んでいる内容であった。こうした政策動向に対して、全国私立大学教職課程研究連絡協議会（以下、全私教協）では、私立大学の立場から教師教育のあり方を検討し、その都度「態度表明」をしてきた。

第一次態度表明「教師教育の在り方について―私立大学の立場から―」（一九八二・五・一五）

第二次態度表明「教師教育の改善について―私立大学の立場から―」（一九八三・一〇・三〇）

第三次態度表明「教育職員養成審議会答申について」（一九八四・三・一）

第四次態度表明「公立学校教員採用候補者に対する『採用前研修』問題について」（一九八五・九・四）

第五次態度表明「臨時教育審議会第一次答申及び審議の動向について」（一九八五・一一・三〇）

第六次態度表明「臨時教育審議会第二次答申と政策動向について―特に教師教育の面から考える―」（一九八六・一二・二〇）

第七次態度表明「初任者研修制度について―採用後養成への傾斜を憂うる―」（一九八七・一〇・一七）

教育職員免許法に関するワーキンググループ報告「危機に立つ開放制教師養成―教養審答申と教免法改正―」（一九八八・三・二八）

第八次態度表明「教育職員免許法改正とわれわれの課題―私立大学の立場から―」（一九八九・一・一七）

以上は、全私教協の一〇年間にわたる態度表明である。

さらに、「教育職員免許法改正」法が、一九八八年一二月に成立し、その後、省令成立に対して関東地区教職課程研究連絡協議会（以下、関私教協）では、とくに、次のような「教職専門教育科目等に関する省令作成についての要望書（案）」[3]を検討した。

(1)　各大学における学問研究の自由と私立大学の固有の建学の精神および教学の目標にもとづいて、個性的で多様性に富んだ教師養成教育の内容が、具体化されるよう大学における教師養成教育のカリキュラムの編成権を保障し、自主的、実験的な教師養成教育のカリキュラムの研究開発の可能性を規制しないこと。

(2) 教職に関する専門科目として示されている各科目は、教育諸科学等の研究成果にもとづかず単なる便宜的な分類であるので、有機的体系的に、相互に連結、統合することによって、相乗的な作用が期待できるので、省令では、二単位の細分化や科目名の固定化は、大学の主体的なカリキュラム編成権を侵すおそれがあるので避けること。

(3) 学習指導要領の領域をそのまま科目名として強制することや、学問的蓄積、根拠の薄い「特別活動」や「生徒指導」等、大学の科目として強制しないで、各大学の自主的な設置科目の名称を認めること。

(4) 教育の方法・技術（情報機器、教材の活用を含む）に関する科目のなかで、とくに「情報機器」に関しては、文科系（国語、社会、外国語など）の免許状を取得しようとする者には、当面は強制せず、「教育方法」のなかで「コンピュータの情報処理能力やコンピュータ導入による社会の変化」等について、学習することとし、漸次、整備していくことを認めること。

(5) 国際化時代といいながら比較教育、平和教育、国際教育さらに世界教育史など、教職専門教育科目として、正当な位置づけがなされていないのは時代の要請に逆行するので、教職専門科目として正当な位置づけを配慮すること。

(6) 高等学校「社会科」については、「地理・歴史」科および「公民」科に、再編成されたが、中・高等学校の社会科教育の一貫性をはかる観点から、中学校「社会」科の免許状を取得しようとする者にも、無理なく「地理・歴史」科、「公民」科の免許状が取得できるようにすること。

こうした要望書案を検討、協議して、関私教協は、一九八九年二月二五日に文部省に対して次のような要望を提出した。

「教職専門科目等に関する省令」事項についての要望

一九九〇年度入学生より適用される予定の教員免許状取得に係わる「教職専門科目等に関する省令」事項について、以下のことを要望します。

一、大学における学問研究の自由に基づく自主的・実験的・創造的な教師養成教育カリキュラムの研究開発の可能性を尊重して、大学における教師養成教育カリキュラム編成権を保証すること。

二、「教育職員養成審議会答申」（昭和六二年一二月一八日）の別紙参考案に例示されている教職に関する専門科目群については、相互に連結統合を図ることによって全体として教育効果を望むことができる。したがって、省令で科目名を限定したり単位を細分化したりせず「弾力的な開設」を認めること。

三、学習指導要領に示される「特別活動」および「生徒指導」などを、そのまま大学における科目名として強制しないこと。

四、上記「答申」の別紙参考案では、教科教育法が軽視されているきらいがあるが、その重要性に鑑み最低限四単位を確保すること。

五、「教育の方法・技術に関する科目」は、「（情報機器・教材の活用を含む）」とあるが、この取扱いに関しては、大学の独自性に委ね、柔軟な対応ができるようにすること。

六、中学校の「社会科」および高等学校の「地理歴史科」・「公民科」に関しては、中学校・高等学校の社会科教育の一貫性を確保するという観点から、従来通り三教科の免許状が無理なく取得できるようにすること。

さらに、全私教協では、総会の決議によって一九八九年六月一日に文部大臣等に対して、次のような要望書を提出した。[4]

開放制教師養成、即ち、大学における教師養成の原則の下では、教師教育の内容・方法の開発編成と、教職課程の管理運営は、共に、大学の自主的主体的経営に委ねられるべきものであります。教育職員免許法等の法令改正に伴う諸措置に際しても、この原則は厳しく守られなければなりません。

文教教第四六号平成元年一月一三日付文部事務次官通達「教育職員免許法の一部を改正する法律の公布について」以降、文教教第八〇号平成元年三月二二日付教育助成局長通達「教育職員免許法施行規則等の一部を改正する省令の公布について」を経て、文教教第一一四号平成元年五月二二日付教育助成局教職員課長通知「平成元年以降における免許状授与の所要資格を得させるための課程の認定について」に至る文部省の措置についてみると、上記原則が十分に尊重されているとはいえません。

総じて、文部省が再課程認定等に関って大学に要求している措置は、極めて短期間に諸要件の充足を強制するもので、大学による自律的な教職課程教育の改善を尊重し、促しているとはとうてい考えられません。

特に、五月二二日付教職員課長名による「通知」については、行政による教職専門科目カリキュラムについての解釈、及びその内容のとらえ方をみると、その妥当性に関し、多分に疑問があります。

課程認定という行政的措置を通して、大学の自律的創造的な教職課程教育の改善・改革を制約することが絶対にあってはならないと思うので、以下各項目について要望し、再考を求めます。

一、「教職に関する専門科目」の開設については、大学の自主的・主体的カリキュラム編成権を尊重し、教育職員免許法施行規則第六条の表の各欄及び枠をこえた複数の科目の統合を認め、開講科目の名称等についても一切規制しないこと。

二、免許法及び同法施行規則公布から再課程認定申請期限までの期間がきわめて短期間であることを考慮し、教員組織に関する審査内規基準の運用を弾力的に行うこと。特に、既に課程認定を受けている大学（短大を含む）学部の再課程認定が、新法に伴う教員配置基準の変更により不利にならないよう配慮すべきである。

三、高等学校教諭普通一級免許状の課程を有する大学が、中学校教諭専修普通免許状の課程認定申請を行う場合には、再課程認定申請に準ずる簡素な手続きを承認すること。

四、各大学がそれぞれの特色を十分発揮し、専門的能力の高い教師を大学全体が協力して養成することを保障するために、他学部（他学科）聴講等大学が開発する弾力的方式を拒否しないこと。

五、聴講生については当分の間、旧法による履修を配慮すること。

六、再課程認定に当っては、国公私立大学の別を問わず、公平に扱うこと。

なお、高等教育の充実について、私立大学が果たしてきた役割が甚大であったにもかかわらず、私立大学の教職課程に関しては国がかえりみず財政的援助を特定して行って来なかったことは、誠に遺憾なことといわなければなりません。この点についての十分な配慮を今後求めます。

以上、協議会としての教免法改正に対する基本的な考え方を、態度表明や要望書を通して示した。次に、各大学が、今回の教免法改正に対して、どのような考え方で取り組んだか、全国教員養成問題連絡会が一九八九年七月に実施した「教免法改正に伴う大学の対応状況に関する調査」にもとづいて要点を述べてみたい。

(1) 教育とは何か、そもそも教育とは何をめざすのか、という基本的なことまでを検討しかけたが、充分には時間がなかった。

(2) 戦後の開放制教員養成方式の維持。単なる即現場に役立つ教員の養成にとどまらない、学問をふまえた底の深い教員の養成。

(3) 教職教科目がプラクティカルすぎ、もっと基本的なものを存続させたいと思いましたが、開放制を前提とする以上、学生の負担を重くしないようにと考えました。

(4) 望ましい教師像を目標に、カリキュラムの構造化をはかる。建学の精神、教員の養成の歴史をふまえた個性的教員の創造をはかる。

(5) 開放制の観点から、たんなる教育技術にながされないよう、留意し、教育にかかわる人間形成の側面を重視する。

(6) 開放制教師教育の理念にたって、教育学の学問的成果にもとづいて、教育認識と実践についての理解を深め、その上にたって教育の実地研究として教育実習を位置づける。

(7) 従来の基本方針を尊重し、教員養成の開放制の理念をつらぬくべく努力した。この機会に教員養成カリキュラムの原則についても問い直すようにつとめた。

(8) 変更は最少限にとどめる。統合できる科目は統合する。科目の名称はなるべく短くする。

(9) 教職専門科目については、大学独自の姿勢で改編。教科専門については、分野を深める設定。

(10) 大学における教師教育の理念を守りつつ、改正法規に定められた枠に適合するカリキュラムを、いかに再構築するか。

⑾　教育学や関係諸科学の学問的立場や視点を堅持することを主眼とした。

⑿　大学における教員養成の理念を堅持・実質化する方向での自主的・民主的改革をすすめる。教育現場の実情を理解し、実態に対応できる力量形成（カリキュラムの充実）。

⒀　私立大学であるから、建学の精神を基本的理念として、独自な教師養成をいかに構築するか、および教育学の学問的成果を生かした教師養成教育について、もっとも考慮した。

各大学の回答をみると、戦後の開放制教師教育の理念にたって、教育学の学問的成果にもとづいて教師教育を構築しようとする努力を行間から読みとることができる。

注

（1）　寺﨑昌男『教員養成』（戦後日本の教育改革）東京大学出版会、一九七一年、三九頁。

（2）　教育職員免許法改正の問題点については、全国私立大学教職課程研究連絡協議会の第九次態度表明「教育職員免許法改正とわれわれの課題―私立大学の立場から―」（一九八九・一・一七）および、拙論「教員養成の動向と教職課程教育の課題―教養審答申をめぐって―」『教職課程報告』第三号（一九八七）、拙論「教育職員免許法改正の問題点―開放制教師教育の危機に直面して―」『教職課程報告』第四号（一九九〇）参照。

（3）　この要望書案は、筆者が関東地区私立大学教職課程研究連絡協議会の研究部会に提出した草案である。

（4）　日本教育学会・教育制度研究委員会「新教育職員免許法に基づく再課程認定に関する意見」（一九八九・六・一六）および全国教員養成問題連絡会も同様な意見書を文部大臣に提出している。

第2章　教師教育カリキュラム編成の理念と私立大学の教職課程カリキュラム改革の動向

第1節　教師教育カリキュラムの編成理念

1　基本的な考え方

すでにわれわれは、第一次態度表明「教師教育の在り方について」のなかで、開放制教師教育の理念の具体化を明らかにした。さらに、第二次態度表明「教師教育の改善について」において、私立大学の立場から教師教育改善の基本的立場について論じている。

この小論では、こうした全国私立大学教職課程研究連絡協議会（以下、全私教協）の研究成果をもとに「教師教育カリキュラム編成の理念と私立大学の教職課程カリキュラム改革」について考えてみたい。

大学における教師教育は、人間形成の学としての教育科学（教育学や心理学などの人間諸科学）の探求を教師教育のための理論的な基礎作業として進めながら、教職課程教育を充実・整備していくことが、大学教育自体の自己変革のためにも、国民教育を全体として向上・発展させるためにも必要不可欠であると考える。とりわけ、教師という専門的職業は、常に旺盛な学問的ならびに、批判的精神と幅広い学問的教養と豊かな人間性を必要とする。

今日、学校教育における管理主義的教育の横行が大きな問題となっているが、とりわけ不合理かつ過剰な校則、教師による体罰や暴力、子ども・青年の人権無視の指導等、数え上げれば枚挙にいとまがない。こうした教育状況のなかで、われわれがめざす教師の力量とは、単なる対症療法的な知識や技術による「指導力」ではなく、「教育荒廃」といわれる現在の教育問題の本質を深く洞察しつつ、真に、児童・生徒の人間性と内面に秘められている無限の可能性をしっかりと把握し、理解し、発見し、そして、子ども自身を覚醒させて、一人ひとりの児童・生徒の生きがいの自己実現を促す識見である。

そして、豊かな人間的魅力とさらに自由な学問的精神を身につけた専門的職業人としての力量を内在する教師の育成をめざすのである。このため、われわれは、開放制教師教育の理念を一貫して尊重しつつ、自らの教育研究と教育実践の自律的改革の努力を継続しつつ、個別大学を越えて連帯し協力しつつ、教師教育改革を実現していかなければならないと考える。

2 教師教育カリキュラム編成の視点

(a) 憲法や教育基本法の精神、世界人権宣言や学習権宣言の精神、児童憲章、子どもの権利宣言、子どもの権利に関する条約などの精神、大学における学問研究の自由の精神、そして私立大学の固有の建学の理想、あるいは教学の目標にもとづいて、自主的・個性的・実験的な教師教育カリキュラムの研究開発の可能性を探求すること。

(b)　教育諸科学（人間形成諸科学）、とくに子ども・青年の成長・発達と教育実践に関する教育諸科学の研究の成果が体系的に活用されて、将来教職につこうとする青年にとって必要とされる教育学的認識の質を向上させ、人間としての識見と感性豊かな人間性を形成できるように配慮すること。

(c)　子ども・青年の願いをしっかり受けとめ、父母・国民の期待にこたえ、教育現場の諸課題の解決のために、学識豊かで実践力を発揮しうる教師教育の実現のため、充分な人的・物的な条件整備に努力すること。

(d)　広く父母・国民の一般的な教養となりうるような、人間形成の学としての教育学・心理学および教科教育学等の研究・開発が必要である。

これらの視点に応えていくうえで、私立大学として独自な個性的教師教育を実現することが、開放制教師教育制度の趣旨からも、また、当面するわが国の教育課題を解決するうえからも、きわめて重要であると考える。

第2節　私立大学における教師教育カリキュラムの構造

ここでは、とくに教職専門教育科目の構造と内容について考えてみたい。

教職専門教育科目の構造は、少なくとも教育諸科学の研究の成果が、体系的に活用されて、将来教師になろうとする青年にとって、必要とされる質の高い、教師としての力量形成に有効な教養を盛り込むことが必要である。つまり、大学における［一般教育］・［専門教育］の上に、教育諸科学の体系に即して、教育学的認識（人間形成学的認識）の質的発展の基礎となるものを、大学での教師教育カリキュラムのなかで構造化することである。具体的には最少限度、次のような領域について、学習することが必要であると考えている。

ただし、学生の負担から考慮して、第二次態度表明でも提示しているように、現行の大学設置基準の定める大学卒業要件に対して、最大限付加されることを許容される単位数の幅を二〇～二四単位程度にすることが、現実的に妥当な線であると考える。以下、教職専門教育科目の構造と内容を具体的に示したい。

教師養成教育カリキュラムの構造

。総単位数―大学設置基準との関係で基準単位二二（二〇）＋選択（二～八）

(1) 教育についての基礎的認識（一年）

a　教育の本質・目的・目標、教育内容、方法、教育経営、教育政策、教師論等

b　子ども・青年の成長・発達、青年期の理解、教育の課程等

(2) 教育実践の基礎的認識（二～四年）

教科教育の研究、教科外活動の研究（道徳教育の研究、特別活動の研究、生活指導の研究）

(3) 教育実践の実地研究（三～四年）

教育実習（事前・実習・事後指導）

(4) 教育実践の理論研究（三～四年）

教職研究、教職演習、および選択科目の履修（教育史、教育社会学、教育行政学、社会教育概論等）

教職専門教育科目の構造を次のように構造化したい。つまり、［一般教育科目］［専門教育科目］と平行して［教職専門教育科目］を学年ごとに履修するわけであるが、二年次に［教育についての基礎的認識］領域について学習

し、二〜三年次にかけて［教育実践の基礎的認識］領域について学び、三〜四年次に［教育実践の理論的研究］の領域を修得することとする。

教職課程教育は二年次から開始し、［基礎的認識］にもとづいて、［教育実践の実地研究］を学び、その実践体験を内面的に理論化する［教育実践の理論研究］を主として［教職演習］［教職研究］等でゼミナール形式で行う。こうすることによって、［基礎認識］⇓［教育実践の実地研究］⇓［教育実践の理論化］へと発展させ、大学における教師教育の充実をはかり教師としての力量形成を実施していきたいと考えている。

とくに［教育実践の理論化］では、主として教育理論書、教育実践記録などを中心として、各自が［教育実習］で体験した教育現実を深め内面化することを目標とする。そして、単なる技術的なことよりも、教育の根本にかかわる理念、子ども・青年の成長発達のメカニズムなどについて、学生自らが学ぶ場を創造していきたい。

つまり、教職専門教育科目の編成の視点は次の二点が重要であると考える。

第一に大学における教師教育で、将来教師となろうとしている学生に教師としての力量形成をより豊かにさせるためのカリキュラムは、［教育学及び関連諸科学の学習］と教育実習によって［教育実践］にふれ、その実践体験を手がかりとして、実践体験を内面化・理論化するカリキュラムを編成することが求められる。［講義→観察・実習→演習（理論化）］である。

第二に教師を希望する学生に、［学問が形成されてきた過程を追体験］させることである。(1)

第3節　新教免法への対応と教職専門教育科目編成の事例

まず、今回の教免法改正に対して、各大学が一九八九年九月三〇日の課程認定に向かってどのような学内組織でカリキュラム改正にあたって、どのような精神（基本的理念）をもって、取り組んだのか、全国教員養成問題連絡会の調査にもとづいて述べておきたい。

多くの私立大学では、教免法改正に対する学内組織を特別に創設して課程認定に対応した。具体的には教職課程再認定等申請委員会、臨時教育職員免許法対策委員会などである。

さらに「教職課程カリキュラム改正にあたっての基本的理念」をみると、改正教免法または再課程認定申請への単なる対応にとどまっている場合もみられたが、多くの大学では開放制教師教育の理念を前提に、教職課程教育のカリキュラムの構造化をはかるとともに、学生に過重な負担がかからないよう配慮しつつ、各大学の実情に応じた自主的、主体的な努力・工夫の姿勢がみられる。

具体的意見を示すと次の通りである。

(1)　教育とは何か、そもそも教育とは何をめざすのか、という基本的なことまでを検討しかけたが、充分には時間がなかった。

(2)　戦後の開放制教員養成方式の維持。単なる即現場に役立つ教員の養成にとどまらない、学問をふまえた底の深い教員の養成。

(3)　教職教科目がプラクティカルすぎ、もっと基本的なものを存続させたいと思いましたが、開放制を前提とする以上、学生の負担を重くしないようにと考えました。

(4) 望ましい教師像を目標に、カリキュラムの構造化をはかる。建学の精神、教員の養成の歴史をふまえた個性的教員の創造をはかる。

(5) 開放制の観点から、たんなる教育技術にながされないよう留意し、教育にかかわる人間形成の側面を重視する。

(6) 開放制教師教育の理念にたって、教育学の学問的成果にもとづいて、教育認識と実践についての理解を深め、その上にたって教育の実地研究として教育実習を位置づける。

(7) 従来の基本方針を尊重し、教員養成の開放制の理念をつらぬくべく努力した。この機会に教員養成カリキュラムの原則についても問い直すようにつとめた。

(8) 変更は最少限にとどめる。統合できる科目は統合する。科目の名称はなるべく短くする。

(9) 教職専門科目については、大学独自の姿勢で改編。教科専門については、分野を深める設定。

(10) 大学における教師教育の理念を守りつつ、改正法規に定められた枠に適合するカリキュラムを、いかに再構築するか。

(11) 教育学や関係諸科学の学問的立場や視点を堅持することを主眼とした。

(12) 大学における教員養成の理念を堅持・実質化する方向での自主的・民主的改革をすすめる。教育現場の実情を理解し、実態に対応できる力量形成（カリキュラムの充実）。

(13) 私立大学であるから、建学の精神を基本的理念として、独自な教師養成をいかに構築するか、および教育学の学問的成果を生かした教師養成教育について、もっとも考慮した。

各大学が改正教免法に誠実に対応しつつ、教育学の成果を生かし、私立大学として建学の理想を明確に打ち出して、個性的でユニークな教師養成を誠実に構築しようと苦闘した実態が浮び上がっている。[2]

多くの大学の改正教免法に対応する教職課程カリキュラム改革の方向を次のようにまとめることができる。

① 建学の理想・精神にもとづく

② 教師教育の基本的理念の確認（望ましい教師像を求めて）

③ 教職課程カリキュラムの編成の基本方針の確認

④ 具体的な教職専門教育科目の編成

いくつかの大学の改正教免法に対応する教職課程カリキュラム編成の具体例を示しておきたい。[3]

各大学が建学の理想を明確にしながら、独自の教職課程教育を誠実に構築しようと苦闘した実態を読みとることができる。

A大学における教職専門教育科目カリキュラム編成

Ⅰ 検討組織……大学協議会、大学院委員会、教職課程委員会、教職課程再認定等申請委員会（特別に設置）

(1) 教職課程委員会での検討事項

① A大学の教師教育の理念、目標の検討（理想的教師像の検討ともかかわって）、開放制教師教育の原則の確認

② 教職課程カリキュラムの検討

a 大学教育の中に於ける教職課程教育の構造化（位置づけ）

b 教職専門教育科目の構造化

c　教職専門教育科目の授業科目名及び担当者の検討

d　教科専門教育科目等の検討

③　大学院に於ける専修免許状（中・高校の専修免許状の申請（特に中学校の専修免許状申請について）、申請一一月三一日）

④　教職特別課程について

⑤　人員（非常勤講師）、情報機器等に関する施設の検討

⑥　課程認定（再認定）の手続きについて（一九八九年九月三〇日までに課程認定の申請を行う）

(2)　課程認定（九月三〇日）までの学内に於ける検討日程について

(3)　その他

Ⅱ　教師養成教育カリキュラムについて

(1)　A大学の教師養成教育の理念

創設以来（大正一一年四月）、官学中心の教育体制に私学独自の理想と教育方針をつらぬいてきた。この伝統と「自ら調べ自ら考える」建学の理想をふまえ、豊かな「一般教養」および深い「専門教養」の上に、さらに「教職専門教養」を修得させ、一人ひとりの子どもや青年のいのちにふれ、父母・国民の願いや期待にこたえ、社会の発展に貢献しうる学識の深い、人間性豊かな教師の育成を目指す。

(2)　教師養成教育カリキュラムの構造

。総単位数―大学設置基準との関係で基本単位一二一（一一〇）＋選択（一一～八）

①　教育についての基礎的認識

A大学教職課程カリキュラム（案）

授業科目名	単位数		コマ数	配当学年
教育原理	4	教育の本質・目標、…教育の社会的制度的経営的…	2	2〜3
教育心理学	4	発達と教育の過程、生活指導、教育相談、進路指導	2	2〜3
教育方法論	2	教育の方法・技術（情報機器を含む）	2	2〜3
教科教育研究	4	国・社・外（英・独・仏）・商	各1	3
教科外活動の研究	4	道徳教育・特別活動の研究（中学校免許状取得者）	2	2〜4
教育実践研究Ⅰ	（2）	（事前指導）	3	3年後期
教育実践研究Ⅱ	（2） 4	［教育実習］及び（事後指導）	3	4年前期
	22（20）			

選択必修科目（二〜四単位以上履修すること、配当学年二〜四年）

教職演習、教育史、教育社会学、教育行政学、社会教育概論、臨床心理学、教育評価、障害児教育、青年心理学、情報処理、視聴覚教育（2）

履修単位総数　中学校一種免許状　二四〜二六単位
　　　　　　　高等学校一種免許状　二二〜二四単位

a　教育の本質・目的・目標、教育内容、方法、教育経営、教育政策、教師論等。

b　子ども・青年の成長・発達、青年期の理解、教育課程等。

②　教育実践の基礎的認識

教科教育の研究、教科外活動の研究（道徳教育の研究、特別活動の研究）

③ 教育実践の実地研究

教育実習（事前・事後指導）、教育諸施設の見学

④ 教職研究、教職演習

選択科目の履修（教育史、教育社会学、教育行政学、社会教育概論など）

B大学における教職課程カリキュラム改革の方向 — 教職専門教育科目を中心に

臨時教育職員免許法対策委員会

Ⅰ　B大学の「建学の精神」の確認

(1) 真実を求め至誠を捧げよう。

(2) 正義を尊び邪悪を除こう。

(3) 平和を願い人類に尽くそう。

Ⅱ　教員養成（教師教育）の基本理念（望ましい教師像）

(1) 小手先の技術ではなく、しっかりとした子ども観・教育観及び世界観を身に付ける。

(2) 現代社会の要請に応える教師としての確かな力量をたくわえる。

① 豊かな人権感覚・鋭い権利認識 — とくに体罰・校則・いじめなど（生活指導）。

② 主体的実践力 — 教育問題・実践方法に関する適切な判断能力など。

③ 社会性・リーダーシップ — 教職員・父母・住民との連携。

B大学の教職専門教科目の編成作業表

欄	法定教職専門教育科目	本学の現行該当科目	改正教免法下の教職専門教育科目
第二欄〈最低修得単位数8〉	教育の本質及び目標に関する科目	教育原理 (2) 7コマ 教育史 (4) 3	
	幼児、児童又は生徒の心身の発達及び学習の過程に関する科目	教育心理学 (4) 5 青年心理学 (4) 4 学習心理学 (4) 3 発達心理学 (4) 2	
	教育に係る社会的、制度的又は経営的な事項に関する科目	教育行政学 (4) 5 社会教育 (4) 5 教育社会学 (4) 3	
	教育の方法及び技術（情報機器及び教材の活用を含む。）に関する科目		
第三欄〈同4〉	教科教育法に関する科目	社会科教育法 (4) 7 国語科教育法 (4) 2 書道科教育法 (4) 2 英語科教育法 (4) 2 商業科教育法 (4) 2 職業科教育法 (4) 2 宗教科教育法 (4) 2	
	道徳教育に関する科目	道徳教育の研究 (2) 3.5	
	特別活動に関する科目		
五欄2	生徒指導、教育相談及び進路指導に関する科目		
六3	教育実習	教育実習 (2) 4	教育実習Ⅰ (1) 教育実習Ⅱ (2)
	その他	教育演習 (4) 4	

(3) 教科教育内容及びそれに関連する学問領域における深い洞察力・探究心、真理に忠実な授業及び研究の力量を養成する。

Ⅲ　教職課程カリキュラム編成の基本方針

(1) 教育に関する思想及び基礎理論並びに歴史的・地球的（global）視野からの教育論にウェートを置く。

(2) 現代の問題（特に現代青年論）をしっかりふまえる。

(3) カリキュラム編成における重要事項

① 憲法・教育法学的な学習

② 演習方式の拡充

③ 生涯学習論的な広い視野からの学習

C 大学教職課程カリキュラム改革

Ⅰ　戦後教育改革と教員養成の理念

① 学問の自由と大学の自治の制度的保障のある、大学における教員養成の原則

② 大学等の設置別を問わず教員免許状修得に必要な課程履修を資格要件とする、いわゆる開放制免許制度の原則

③ 教職の専門性の確立の原則

④ 免許状主義の徹底の原則

⑤ 現職教育における自主研修の尊重の原則

新制大学における教職的教養基準に関する提案（大学基準協会）

「教職者は人間としての豊かな一般教養と専門学科に関する精深な知識技能と更に十分なる教職的教養との三者を調和的に身につけ、以て新しい社会における有能なる教師たる実践的使命を果たさなければならぬ。」

Ⅱ　教師としての力量形成

①　人間の尊厳と人権についての鋭い感性

②　社会の歴史的進歩についての洞察

③　豊かな人間性、教養

④　自分なりの哲学、思想性——子どもの発達や教育観の確立のための自己形成へ努力

⑤　集団的組織能力

⑥　子ども、青年とその集団の発達法則についての科学的知見

⑦　教科指導

⑧　生活指導、教科外教育

⑨　学級経営、学年運営、学校経営

⑩　児童福祉

⑪　家庭、地域——学校外の教育の再生と創造

⑫　専門的学識と学問研究の姿勢と研究能力

Ⅲ　大学における教員養成——カリキュラムにかかわって

教育についての基礎知識の認識

a　教育の本質、目的、目標

b　教育構造（社会教育、教育社会学）

C大学教職専門教育科目の開設科目（案）

科目名（仮称）	単位	内容
教育原理	4	・教育の本質及び目標に関する科目 ・教育に係わる社会的、制度的又は統括的な事項に関する科目
教育心理学	2	・生徒指導、教育相談及び進路指導に関する科目
道徳教育の研究	2	・道徳教育に関する項目
教科教育法 社会科教育法 商業科教育法	 4 4	・教科教育法に関する科目 （最低基準は2）
◎生活指導の研究（仮称）	2	・特別活動に関する科目
教育史	2	
◎教育実践研究（仮称）	2	・教育の方法及び技術（情報機器及び教材の活用を含む）に関する科目
◎教育実習	3	

※教育実習に係わる事前、事後指導
教育実習(3)に一単位分を追加
その場合、正規のカリキュラムに組み込むかどうか
参考…授受を受けようとする普通免許状に係わる学校以外の学校、専修学校及び社会教育に関する施設における実習に準ずる経験を含むことができる。

※平成2年度入学者から適用（文部省への書類提出締切九月三〇日）

c　教育の内容、方法、評価、経営
d　教育政策、教育運動
e　比較教育
f　教育制度、教育法
g　教育行財政
h　教育の歴史
i　子ども・青年とその集団の現状把握と発達と学習
j　教師とその集団の現状把握とその自己形成
k　その他、課題別（同和教育、障害児教育、平和教育、憲法教育など）

第4節　開放制教師教育の危機に立って

私立大学における教師養成教育が、教免法に強く拘束されている。そのため、今回の免許法改正によって、科目名、講義内容まで立ち入って教育行政当局によって監督承認を受けなければならない。

しかし、開放制教師養成、すなわち、大学における教師養成の原則のもとでは、各大学における学問研究の自由と私立大学の固有の建学の精神および教学の目標にもとづいて、個性的で多様な教師養成教育の内容が、各大学の自主的主体的なカリキュラム編成権として保障されなければならない。そこで、われわれは、一九八九年二月二五日に「『教職専門教育科目等に関する省令』事項についての要望」[4]でも、この点を強く要望した。

今こそ、発想の転換が必要ではないであろうか。つまり、各大学での教師教育カリキュラムの編成を次の三点をしっかりとふまえて編成していくことを提言したい。

第一に各大学の建学の理想と伝統、第二に教育諸科学研究の今日的成果の反映、第三に各大学が自らの大学における教師教育の理念を探索して、教師教育の専門性を確立する。

以上三点をふまえて、新免許法に規制されながらも、それより強い力で各大学が、自主的で創造的で独自な特色のある教師教育カリキュラムを工夫し、父母・国民、そしてとりもなおさず、子ども・青年の期待に応えうる教師教育を創造し構築していくことが今日的な課題ではなかろうか。

注

（1）「教員養成と教員研修の連携に関する調査研究」東京学芸大学教育学研究室、一九八七年、四四～四八頁。

（2）この点について、山住正己氏は「分裂した日教組の教師諸氏へ」（『世界』一九八九年一〇月号）のなかでも指摘している。

（3）第九回全国私立大学教職課程研究連絡協議会研究大会（一九八九年五月、於広島修道大学）資料

（4）関東地区私立大学教職課程研究連絡協議会が、文部省に要望したものである。
なお、参考資料として、要望等検討過程で筆者が作成した「教師専門教育科目等に関する省令作成についての文部大臣への要望」

第3章　大学における教職専門教育科目構築の理念

第1節　変革期における教師教育

本稿は一九九〇年度研究大会で基調報告をしたものに加筆したものである。本稿の基調をなすものは、教育職員免許法（以下、教免法）改正をも含めて「変革期における教師教育」の認識に立脚して、今後の教師教育の理念・内容・方法について拙論をまとめた。

今日「教師教育」は、大学における「教職課程教育」および教師の「現職教育」を通じて教師の成長をはかるものであり、わが国のみならず世界の各国できわめて重視されている教育上の大きな課題である。重視される理由として、次の三点をあげることができる。

(1)　一九六〇年代を通じて、世界の学校教育は急激に量的拡大をとげたことがまずあげられる。発展途上国では初等教育を中心に、また先進諸国では、中等・高等教育を中心に拡大したという相違はあったけれども、「量」的拡大はそれにともなって学校教育の「質」（quality）に関するさまざまな矛盾や諸問題を生じさせる結果となった。

(2) 急激な科学技術の進歩によって、コンピュータをはじめとするテクノロジーの発達、都市化や家族の変化、教育の機会均等、国際化、情報化、生涯学習社会の到来のなかで、教師の役割は何か、世界を覆う科学技術の発達にともなう社会変動の波は、教師の力量に何を要請しているのか、つまり未来からの問いかけに教師教育はどう対応するのか？

(3) 以上二点は、教師教育にかかわるマクロな状況であるが、それに対して、昨年（一九八八）の教免法の改正にともなう教師教育の新たな変革に対して、戦後の教師教育の基本原則である「開放制」教師養成の危機としてとらえている。

本稿では以上三つの問題意識に依拠しつつ、大学における教職課程教育の中心である「教職専門教育科目の構築の理念」について論究したい。

第2節　教免法改正に対する基本理念

今回の教免法改正に対して各大学は、どのように対処したか、全国教員養成問題連絡会の調査をもとに考えてみたい。[1] この調査は次のような趣旨で一九八九年七月に実施したものである。大学における教員養成の本旨は、単に教員養成が大学において行われるだけでなく、教員養成が大学にふさわしい方法において行われるべきであることを意味している。すなわち、それぞれの大学が、憲法・教育基本法の精神とともに各大学の自治、学問の自由とその成果を根幹に、教員養成に関する実践や研究の蓄積にもとづき、国民に直接に責任を負う立場で、全教育活動を通して教員養成が行われるなどの意義を含んでいる。批判の多い教免法、関連法令にもとづく文部大臣の課程認定は、「大学における教員養成」を損ない、大学の教員養成カリキュラムの国家統制を一段と強めるおそれを内包している。

この調査は、このような問題意識に立ち、新免許法下の「大学における教員養成」の問題状況を、その危機と克服の可能性を含め、調査資料に即して検討することを目的としたものであった。

この調査は、一九八九年七月に実施したものであるが、この調査報告は「新免許法改正に伴う各大学の対応状況とその問題点」（日本教育学会第四八回大会および全国教員養成問題連絡会第一二回意見交流集会）として行われている。

その調査項目のなかに「今回のカリキュラム改正にあたって最も考慮された基本的視点（理念）をお書きください」という項目があった。アンケート結果の概要を示すと次の通りであった。

「改正教免法又は再課程認定申請への単なる対応にとどまっている場合も見られたが、多くの大学では開放制教師教育の理念を前提に、カリキュラムの構造化を図るとともに、学生に過重な負担がかからないよう配慮しつつ、各大学の実情に応じた主体的な努力・工夫の姿勢が見られる（第１章参照）。

この回答をみると、各大学が、学問研究の自由と私立大学の固有の建学の精神および理想にもとづいて個性的で多様性に富んだ教師教育の内実を教育学や関係諸科学の成果に立って構築しようとすることを示している。

第３節　教免法改正をめぐる諸問題

「大学における教員養成」の本旨は、単に教員養成が大学で行われるだけでなく、教員養成が大学にふさわしい方法において行われるべきであることを意味している。すなわち、それぞれの大学が、憲法・教育基本法の精神とともに各大学の理念・理想を掲げ、大学の自治、学問の自由とその成果を根幹に、教員養成（教師教育）に関する実践や研究の蓄積にもとづき、国民に直接に大学が責任を負う立場で、全教育活動を通して教員養成が行われるなどの意義を含んでいる。

さらに「大学における教員養成の結果生じた大学の責任」について指摘している国立大学協会の文章をここで引用しておきたい。

「教職に就くために必要な教養の基準は、一応国の定めた教育職員免許法規に従って行われてきているが、それが大学の自主性、主体性に関わる内容を含んでいるにもかかわらず、大学自身によるその内容の積極的な検討・吟味がおろそかにされ、主体的な運用を欠き、規定の形式的な適用におわっていた場合が多く、形骸化の弊害さえも生じている。われわれは、これらの事実の中に、単に大学における教員養成の問題点を見出すだけでなく、むしろより根本的に、大学が自らの学問研究とその教育とを通じて、国民全体の知的発達、文化の進展、自由の確保に寄与すべき大学自身の社会的責任の自覚を明確にし、この自覚に基づく教員養成の途を問いなおすことの必要を感ずる。(2)」

このように「教員養成は大学において行なう」という原則は、いうまでもなく教員養成がより高次のレベルで行われるべきであるということであり、大学に期待されるところは、単に水準の向上の問題のみではなく、「教育」研究の自主と自由」、大学における「高次の専門性と知識の総合性との結合」など、教員養成のあり方の本質にかかかわるものである。その意味で、「大学は教員の養成においても、国民に対して積極的に大学としての責任を果たすべきことを期待されており、大学としての主体性において教員養成にあたり、それぞれの大学の歴史と伝統にふさわしく、かつ地域社会の住民の要求にこたえるよう、教員養成の基幹となるべき教育科学を発展せしめる責務がある」[3]と国立大学協会教員養成特別委員会は指摘している。

今回の教育職員免許法による文部大臣の課程認定は、大学自らの学問研究とその教育とを通じて、国民全体（いな子どもたちの）知的発達、文化の進展等……大学自身の社会的責任の自覚を明確にし、この自覚にもとづく教員養成の途を問い直すことを否定し、また、大学としての主体性において教員養成にあたり、それぞれの大学の建学の精神と伝統にふさわしい教師教育のカリキュラムを教育諸科学の成果をもとに構築して、子ども、父母の教育要求に応えうる教師を育成しようとする精神を喪失させるものであった。

実際には、今回の教育職員免許法および関連法令による文部大臣の課程認定は、「大学における教員養成」を侵害し、各大学の独自の特色ある教員養成カリキュラムの編成権を国家統制しようとするものである。

筆者も共同研究者の一人である全国教員養成問題連絡会が一九八九年七月に実施した「教免法改正に伴う大学の対応状況に関する調査」結果にもとづいて、教免法改正をめぐる問題点を指摘しておきたい。

カリキュラム改正をめぐる問題点（四年制私立大学の場合）

(1)　文教政策における基本的な教師養成観に対する疑問

「教育職員免許法の一部を改正する法律の公布について」（文教教第四六号平成元年一月一三日付文部事務次官通達）以降の文部省の行政措置は、「大学における教師養成」という戦後の教師教育改革の原則が、十分に尊重されていないという問題が指摘される。

細分化された数多くの科目、単位増、教育学の成果を十分に反映していない。「実践的指導力」の養成という言い方での技術主義的な偏向、とりわけ「平成元年以降における免許状の所要資格を得させるための認定について」（平成元年五月二二日付教育助成局教職員課長通知）における第二欄以外の統合を禁止したことについては、多くの大学から問題点として指摘されている。

初任研修制度の強行とともに、大学不信にもとづく統制強化であり、大学の主体性・創造的改善を困難にしている。

(2) カリキュラム編成における技術主義偏向も問題

現場の学校の要望、政権担当政策の答申を反映して、学習指導要領の三領域の学習や、「教育の方法・技術」・「生活指導」など、きわめて技術主義的な偏向とみられるもので、カリキュラムの全体的バランスを崩している。教科外教育を重視する（それも特別活動だが）一方、教科教育法の単位を減少させている。「教育の方法・技術（情報機器教材の活用を含む）」の情報機器の設備の問題を含めて、その内容が問題とされている。「生徒指導」の科目名とともに、どのような教師像をえがき、大学における養成教育をどう位置づけているか不分明である。

(3) 再課程認定の届出が九月三〇日までというきわめて短期間で、学則改正まで終了させるということが問題となっている。全学の協力態勢を推進しながら調整・理解を深めることが大変で、それが十二分になされないままに、とにかく受理をめざしたという問題がある。

(4) 官僚統制の強化について

省令に規定されていないことが課長通知によって、大学のカリキュラム編成を枠付けするという問題、そのことと教育職員養成審議会（以下、教養審）との関係、窓口審査のあり方をめぐる問題が指摘されている。

(5)　条件整備

再課程認定をめぐって専任教員の増加、こま増、施設・設備の充実、全学態勢や各担当の責任態勢を強め得た大学もあるが、短期間であったということもあって、十分な内容的理解を含めての全学的態勢の確立にまで至らなかったとか、教員負担が多くなり兼任率・クラスサイズも大きくなり、施設の充実も不十分で、学生の立場からの改善・充実になりえていないという問題がある。

(6)　その他

一学科一教科の問題、とりわけ教育学科において社会科一教科にしぼるようにという行政指導がなされた問題。

中学校の専修免許が新規扱いされたこと。

来年度からの聴講生の問題。

大学院の教職科目、教職特別課程、小学校・幼稚園養成課程の問題。

カリキュラム改正をめぐる問題点（短期大学の場合）

(1)　文教政策における基本的な教師養成観に対する疑問

①　短期大学の場合に端的に表れる。こまぎれ科目（一ないし二単位科目）の激増は、本来の大学教育（四単位を本則とすべき）からして、広く浅くということで好ましくない。これでは、学生は知識の部分的修得に終わり本質的理解には達し得ない。

② 技術主義偏向。中等教員にとってもっとも必要な、何のために何を教えるか（教育内容・教育課程）について充分に理解を深める科目が排除され（少なくとも今までは、原理でかなり可能であった）、定められた内容をいかに教えるかがとくに要求されることになっている。

③ 短大卒の教員が、一五年間でとくに追加単位を要求される根拠は何か。一五年間の教育実践から獲得される教員としての、あらゆる方面にわたる知識・技術・能力と、単に学生時代に知識として与えられる内容とどちらが意味があろうか。もし短大卒に要求されるとすれば、四年制大学にも全く同様のことが要求されるべきである。少なくとも教養審のなかで、短大卒教員が四大卒に比べて現職教員として劣等であるという実証的データは、全く示されなかったはずである。わが国における形式的学歴尊重の風潮が、ここでも現れている。

(2) カリキュラム編成上の問題

① 第三欄の「特別活動」と第五欄の「生徒指導」を、仮称「教科外教育の研究」として科目数の増加をおさえたいと考えた点。

② 教職に関する専門教育科目の充実が、かえって短大には負担となっている。とくに「教育方法・技術」、「教育実習の事前・事後指導」等の充実は、将来的にみて負担になると思う。

③ 二年間で大学教育を試みている短大では、カリキュラム（学生の大学での授業時間）が過密になりがちである。今回さらに、四時限制から五時限制を考慮せざるを得なくなった。

④ 教職科目の「特別活動」や「生徒指導」は、初任者研修でやるべきではないか。

⑤ 「教育機器」は、実習をともなうもの、人、予算、設備をどうするか。

⑥「欄」をこえる授業科目の開設の禁止は、一体何が狙いか、どんなメリットがあるのか、禁止する理由がわからない。

⑦根拠の不明確な科目（特別活動、生徒指導および教育相談など）について、文部省の説明が不十分。現場としては対応に苦慮。

こうしてみると、教免法改正が及ぼす短期大学への影響は、四年制大学より厳しく受けとめざるをえない。つまり①で指摘のように、二単位はともかくとして「一単位」のこまぎれ科目をどうするのか。知識の断片的注入に終わり、本質的理解にはほど遠い状況である。今日の学校教育の置かれている状況のなかで、教師にとってもっとも必要な「何のために、何を教えるのか」が十分に検討されているとはいえない。短大卒の教師の「一五年間」の貴重な教育実践に対する正しい評価の欠如、「わが国における形式的学歴尊重の風潮」が新免許法では明確にあらわされてきている。「よい教師は、単に学歴でつくれない」ことを明記すべきである。今回の免許法改正に対して、国の基本的な教師養成観に対する疑問が鋭く指摘されている。さらに、カリキュラム編成上の問題点として、大学・短期大学における学問研究の自由に基づく自主的・実験的・創造的な教師養成教育カリキュラムの研究開発がおさえられたことである。つまり、「欄」をこえる授業科目の開設の禁止である。こうした状況のなかで、短期大学は父母や子どもの期待にこたえるため、さらに短期大学に学ぶ学生のニーズにこたえるカリキュラムの研究開発を積極的に行う自助努力が一層必要となるであろう。

今後の課題（国公私立の全体を通じて）

(1)　課程認定の可否が決定する一九九〇年四月以降、さらに経過・内容・問題点を精査して、より確実なものにする。従前のもの・理想案や改革案がどういう今回の対応により屈折せざるをえなかったか、事例的に詳細な分析をする必要がある。

(2) 各大学が、大学の自治・学問の自由を根幹にして、国民の付託に応え、教職専門教育科目や教員養成に関する教育学をはじめ、学問研究の成果、教員養成に関する蓄積や多様な試み、学生の自主的・選択的履修などが十分に生かされ保障されるよう、一般教育を含めた大学の全教育活動を通じて教員養成を行うカリキュラムを、その理解にもとづき、自主的・自治的に決定できるようさらに努力する。

(3) 再課程認定により屈折せざるをえなかったカリキュラムの実施に当たり、時間割などの工夫による実質的な統合を図ったり、授業内容と方法を学問的成果にたって充実させる。

(4) 他学科・他学部聴講による免許状取得を認めるようにするという課題。総合大学のメリット、諸学科によって構成されている学部のメリットを生かすべきである。とくに教育学科についてはとりわけ重要な課題である。

(5) 教養審の審議内容の公開・議事録の分析・傍聴。教養審が許認可の審議をすることの可否・窓口審査のあり方など、文部行政のあり方についての検討をする。

(6) 条件整備の努力、国・地方自治体への要求とその実現。人的・物的・財政的な条件整備が必要である。教育実習校に対する条件整備の充実についても今後の重要な課題である。

第4節　教職専門科目の再構築の理念

教師教育において、教職に関する専門教育科目をどのように構築していくかは、重要な課題である。従来、教免法の「教職に関する専門教育科目」の規定に従って、各大学は教職課程カリキュラムをつくってきた。しかし、教師養成をめぐる問題状況は、今まさにあらたな転換期をすでに述べた通り迎えている。このような問題状況のなかで教職専門教育科目の「再」構築の理念を検討してみたい。ここで、あえて、「再」構築とするのは、教免法改正に抗して、新たな教職専門科目を構築するという意図を含んでいる。

つまり、教職専門教育科目の再構築をする場合の基本的な理念として、次の六点をあげることができる。

(1)　日本国憲法、教育基本法の精神を中心に位置づけること、すなわち、「個人の尊厳を重んじ、真理と平和を希求する人間の育成を期する」教師の養成から、当然のことながら平和主義と人権思想を理念の中核に位置づけることが必要である。さらにこれに関連して、「世界人権宣言」（一九四八年）の第一条「すべての人間は、生まれながらにして自由であり、かつ、尊厳と権利とについて平等である」や、第二条「すべて人は、人種、皮膚の色、性、言語、宗教、政治上その他の意見、国民的若しくは社会的出身、財産、門地その他の地位又はこれに類するいかなる事由による差別をも受けることなく、この宣言に掲げるすべての権利と自由とを享有することができる」を理念とすることができる。また、一九八五年の第四回ユネスコ国際成人教育会議宣言「学習権」の「学習権とは、読み、書きできる権利であり、疑問をもち、じっくりと考える権利であり、想像し、創造する権利であり、自分自身の世界を知り、歴史を知り、歴史を書き綴る権利であり、教育の諸条件を利用する権利であり、個人および集団の技能を発達させる権利である。……学習するという行為は、すべての教育活動の中心に位置し、人間を成り行きに身をまかせるままの客体から自分自身の歴史を創造する主体に変えられるのである」を、教職専門教育科目の再構築の中心理念として位置づける必要があると考えている。

(2)　子どもの人権、子どもの権利を保障する理念を根底に位置づける必要がある。具体的には、「児童憲章」（一九五一年）の「児童は、人として尊ばれる。児童は、社会の一員として重んぜられる。児童は、よい環境のなかで育てられる」精神や「児童権利宣言」（一九五九年第一四回国連総会）のとくに第二条「児童は、特別の保護を受け、また、健全、かつ、正常な方法および自由と尊厳の状態の下で身体的、知能的、道徳的、精神的および社会的に成長することができるための機会および便益を、法律その他の手段によって与えられなければならない」、第五条「身体的、精神的または社会的に障害のある児童は、その特殊な事情により必要とされる特別の治療、教育および保護を与えられなければならない」、第六条「児童は、その人格の完成、かつ、調和した発展のため、愛情と理解とを必要とする。……」、第七条「児童は、教育を受ける権利を有する（is entitled to receive education）。その教育は、少なくとも初等の段階においては、無償、かつ、義務的でなければならない。児童は、その一般的な教養を高め、機会均等の原則に基づいて、その能力、判断力ならびに道徳的および社会的責任感を発達させ、社会の有用な一員となりうるような教育を与えなければならない」の精神を教職専門教育科目の理念のなかに生かしていかなければならない。さらに「子どもの権利に関する条約」（一九八九年一一月二〇日国連総会で採択）のとくに第二八条（教育への権利）、第二九条（教育の目的）(a)子どもの人格（the child's personality）、「才能ならびに精神的および身体的能力を可能な限り全面的に発達させること。……」など、子どもの誕生・成長・発達における十分な保護・養育・教育を権利として保障する考え方を教職専門教育科目の構成の理念として明確に位置づけることである。

(3)　教育学および関連諸科学の成果を教職専門教育科目の理念の一つとして位置づける。つまり、大学における教師教育は、人間形成の学としての教育諸科学の研究成果、とくに児童・生徒の成長・発達と教育実践に関する教育科学の今日までの成果を教職専門科目の構成理念としてしっかり位置づけることが必要である。

(4)　研究・教育を通じて人類の未来に責任をもつという考え方を教職専門教育科目の構築の理念の一つとして位置づけること。つまり、今日の地球社会の激動の現実を洞察する精神を培う理念を教職専門教育科目のなかに位置づけること。

(5)　私立大学としての固有の建学の理想を教職専門教育科目の理念のなかに位置づけること。つまり、建学の精神にもとづいて各大学が全学的な協力態勢のなかで特色のある教師養成を行うこと。

(6)　教師は生涯にわたって常に成長・発達するという考え方、つまり、教師の力量形成は生涯にわたって自己変革をとげながら力量形成が行われるという考え方を教職専門教育科目のなかに位置づける必要がある。

以上、六点が今日の教師のおかれている状況からみて教職専門教育科目の構築の理念として考えられる。

第5節　現代の教師に求められる力量

教師の力量は、教育実践を考えるときもっとも基本的で重要な問題である。二一世紀に向かうこれからの社会において、教師の力量とは何か、そして、その力量をどのように形成していくかは、教師教育の重要な課題である。まず、筆者も共同研究者の一人である「教員養成カリキュラム研究会」が、一九九〇年七月に実施した「新教育職員免許法下の教員養成カリキュラムに関する調査研究(4)」の調査結果を参考に「二一世紀に向かって重要と思われる教師の力量」について述べておきたい。

特に高い比率で指摘されているのは、「豊かな人間認識・人間性や人間理解教育の能力」(九〇・三(うち「特に重要」としたのは六五・九、以下同じ）％）、「子どもへの深い理解や子どもの立場・内面に即した教育の能力」（八〇・五（五三・七）％）、「国際性」（七五・六（四三・一）％）、「自ら創造性をもち、子どもの創造力・想像力を育てる能力」（六九・一（三九・〇）％）、「個性の発揮や子どもの個性を育てる能力」（六七・五（三二・八）％）、「教育者としての倫理・使命感」（六三・四（二六・〇）％）、「学問の自由の尊重・学問研究能力や真理真実を探究し教える能力」（六一・八（三三・三）％）であった。これに対してきわめて指摘の少なかったのは、「学習指導要領に即した実践的指導力」（一六・二（〇・八）％）、「法令順守や校長を中心とする学校のまとまりへの協力」（八・一（一・六）％）、「子どもを管理し、規律を保持する能力」（四・九（〇・八）％）と顕著な対比を見せている。

その中間に、「環境教育」（五九・三（二一・一）％）、「地域認識や地域教育の能力」（四三・九（一一・四）％）、「人権感覚や人権教育の能力」（五六・七（三八・二）％）、「主体性や自主性・自治を育てる能力」（五六・九（二七・六）％）となっているが、「特に重要」が「人権感覚・人権教育」と「主体性や自主性・自治」の項で高いことが注目される。「情報化社会への認識や情報処理能力」は四八・八（一七・九）％あり、「人権」の項と同程度指摘されているが、「特に重要」は「人権」の項ほど高くはない。

このように、さまざまな危機をはらんだ地球環境や現代文明のなかで、深い人間理解や子どもの創造力・想像力を育てる能力、学問の自由の尊重・学問研究能力などが、さらに人権感覚、人権教育などが、二一世紀を拓く教師の力量として求められることがわかる。

次に、ここでは教師になろうとしている学生の教育に携わっている者として、「今、教師に求められている力量とは何か」考えてみたい。

(1) 子どものおかれている状況の理解と自己変革

教師に求められるもっとも基本的な力量は、子どもと共に成長する内的な力である。子どもと共に成長するとは、教師が子どもを通して自己の存在をその根本において問い直し、苦悩しながら新たなる自己へと自らを変革しながら自らを創造していくなかで生まれる。教師のこのような営みを、わたしは教師の主体性と呼びたい。教育実践はこのような主体性が求められる仕事である。教師の子ども理解は固定化しやすく理解し直すということはきわめて困難である。子ども理解を変えるためには、同時に教師自身が変わることが必要になる。それゆえに教師は常に自己の内側から自己を問い、自己存在のあり方を反省的にとらえていかなければならない。

教師自らが自己を疑い自己を変容していこうとする教師の人間としてのあり方が、子どもたちを真に理解し、とらえ直すことができる。わたしの教育実践の体験からいえば、教師にとってもっとも強く要求される力量は、未来に向かって成長していく子どもたちと共に、生きる教師の主体性であり、常に真理、真実に対して自己を変えるという自己変革である。教師の自己変革は、まず自らを理解することが前提である。そして、教師は子どもを理解するときに、子供の成長・発達について客観的に知ると同時に、一人ひとりの子どもの内面に触れ、子どもの願いを洞察する知識と技術が教師には求められる。こうした教師の力量形成する役割を担うのが、教職専門教育科目である。教師一人ひとりの子どもの内的な成長、発達を客観的に見とどけながら、それが決して固定的、絶対的なものでないことを確認しながら自らもまた自己変革をしていくのである。このような自己変革を通して、教師の主体性はおのずから育つのである。それは、子どもと共に、未来への挑戦である。ここで考えておかなければならないことは、教育実践にたずさわる教師自身、自己に対する厳しさである。教師の自己理解から自己変革へのプロセスは、自己への厳しさ（自己反省）を前提にしなければ成立しない。それはあくまでも、子どもを主体とし、その子どもと共に、未来に向かって成長しなければならない教師の責任でもある。それは「学ぶことは心に誠実を刻むこと、教えることは共に未来を語ること」（ルイ・アラゴン）の言葉に端的に表現されている。

教育実践において子どもを理解するためには、先で述べたように教師の主体的な自己理解→自己変革が必要であるが、子どもの内面を理解することを可能にする条件が、子どもと共にあって、一人ひとりの子どもの人間性に、内なる魂に触れることのできる人間としての感性の豊かさである。

(2) 人間としての感性の豊かさ

子どもを理解するためには、何といっても教師と子どもとの間に「信頼」と「敬愛」のきずながができることが必要である。つまり、「教育する者」と「教育される者」との信頼関係を、ドイツの教育学者ボルノウ（Bollnow,O.F.）は、後者に対する前者の「愛」と「期待」と「忍耐」、前者に対する後者の「感謝」と「従順」と「尊敬」であると述べ、この両者の絆が、人間存在の不可欠な条件であると述べている。(5) この絆こそ、ともにこの世界で直接的関係をもって生きていることを感ずる共存・共感の感情である。この絆にもとづいて、子どもの人間性を感性的・直観的にとらえることなくして、教師は子どもを真に理解することはできない。この信頼関係は「教育愛」（pädagogische Liebe）とも呼べるものである。この共感にもとづいた感性を「教育的センス」という。この教育的センスを欠いた教師は、目的に対して常に直接的な行動に走り、自己の目的を常に子どもにおしつけ、その効果を近視眼的に測定しようとする。そうした教育実践からは、学習者に対するゆとりや自由や個性の尊重などを認めない性急さのみが際立つ。それに対して、教育的センスをもつ教師は、感性の豊かさに導かれる共感にもとづいて、まず、自己の内面に子どもを見いだすことに努める。子どもの個性を尊重し、子どもの願いと教師の願いが重なる部分が多い。こうした教育実践によって、子どもの発達にとってもっとも適した教育指導が保証されるのである。

(3) 豊かな学識と専門的教育技術・技能

教師に求められる力量として、豊かな専門的な学識と専門的技術（専門的理論を実地に応用する技術）、技能（教育実践のなかでどう生かすか）をあげることは当然なことである。

そこで、教師にとって必要な学識と技術・技能とはいかなるものであろうか。それは、単に文化を伝達するところに教育があるのではなく、人類の遺産としての文化を伝達することを通して子どもの学問的芸術的諸能力を高め人間性を培うのである。すなわち教育としての伝達は、単なる知識の注入ではなくて学習者が主体的にその文化を身につけ、それを自己形成過程として内的に結実させ、新しい文化を創造していくことができるようにすることである。こうした意味での文化の伝達者としての教師の専門的な学識と技術・技能にとって必要なことは、まず、教師自身が専門的知識と技術・技能を創造する経験をもつことである。創造する苦しみや喜びの体験がなければ、少なくともその専門的知識と技術・技能の形成過程についての体験を通しての深い認識をもつことが必要である。こうした動向は近年アメリカにおける教師教育の具体的プログラムを導き出すパラダイムのひとつとして、ツァイヒナー（Zeichner, K. M.）の「探究志向的方法」として注目されている。[6] また、教師は教育実践者であると同時に、教育実践の調査研究者の役割も兼ね備えるようにすることが教師教育の課題であるという発言が、すでに一九七〇年代より、イギリスやアメリカそしてオーストラリアなどの研究者からあり、「研究者としての教師」あるいは「探究者としての教師」が教師教育の課題となりつつある。[7] つまり、教師が研究者として学問をし、芸術活動を行うことこそ、教育的伝達を可能にするものである。このことを次の三点から分析的に考えてみたい。

a　子どもの発達に関する一般的知識とそれを知り研究し実践する技術・技能

子どもの成長・発達に関する知識は、学問的知識そのものであるが、教育実践にたずさわる教師にとっては、その知識をもつだけでなく、子どもを理解しその成長・発達について知る方法が必要となる。その成長・発達についての知識は、その知識がどのような研究のプロセスを経て成立してきたのかという、学問形成過程や学問の方法についての知識でなければならない。またそのような知識にするためには、教師自身が「探究者」「研究者」として自ら学問をするということが必要となってくる。さらにその研究の成果を教育実践に還元する技術・技能を身につけなければならない。

b　指導内容についての学問的知識と技術・技能

教育実践者である教師が、伝達する内容について、学問的知識と技術・技能をもっていなければならないということは至極当然のことであるが、しかし、時として教師がこのような知識と技術・技能を必ずしも事前に所有していなくともよいと考えている。教師は子どもと共に学ぶことがあってもよいと考えている。ただ、その学び方は学問的、探究的でなければならないとし、その技能が学習されていく過程について十分な知識をもつ必要がある。

c　学問的内容を教育的内容に転換したり、教育的内容から学問的内容を見通す能力

学問的知識や技術・技能は、そのままの内容では子どもたちに伝達できない。伝達が教育実践になるためには、伝える内容が学習する一人ひとりの子どもの発達段階に応じて、多様に変容されなければならない。また学習指導計画として用意されている内容は、ただそれを理解させ記憶させればよいというものではない。その学習内容を子どもが自ら獲得し、さらに自らそれを批判的に学習しながら、次第により学問的に転換させていくことを見通して伝達することが必要である。前者が学問的内容の教育内容への転換であり、後者が教育内容から学問的内容への見通しである。この内容に関する能力は、一つのものであり、学問的内容と教育内容とを統一する能力である。この能力も、学問形成過程についての認識や体験を通して培うことができると考えている。

教師の力量として必要な学識と専門的技術・技能について、三点述べてきたが、学問や技術・技能を習得するプロセスを通して、そのための方法を確実に身につけておくことが何よりも必要である。したがって、「教師にとっては、その経験によって方法を認識することと、その経験に伴う苦悩や喜びを体験することが、きわめて自ら教育実践をする場合、貴重な体験となる。とりわけ、その間に体験した苦悩は、苦しみながら学習する子どもへの共感の厳選である。[8]」苦しみながら学んだ人こそ教師にもっとも適した態度をもつと考えている。

(4)「新しい知識人」として子どもの未来に対する責任の自覚

人類の歴史において激動と混迷の言葉を必要としない時代はかつてなかったというべきだが、二〇世紀末の今日の地球社会の現実は、過去のいかなる時代にもまして、もっとも深刻な激動と混迷の真只中にあることを痛感させるものである。とくに、科学技術の開発は驚くべく進み、科学技術の開発において人間による制御がどこまで可能であるのか、人間の主体性と良心の世界をどこまで留保しうるのか、われわれはこれらにかかわる予見力をほとんどもちえないでいる。そしてまた、地球社会のさまざまの領域にみられる破壊と混迷は、その深刻さのゆえに、われわれ一人ひとりが人間としてどう生きるべきか、家庭においても、学校においても、社会においてもわれわれが次の世代に何を期待できるか予見しにくくさせている。こうした現代社会において、次の世代の育成に尽くす教師に対する国民に期待は大きい。それゆえ、大学における教師教育の意義は、二一世紀に向かうこれからの社会において、ますます重要になることが予想される。すなわち、人間・人類の危機をはらんだ現代文明・社会の動向、学術の急速、多彩かつ学際的な発展、世界各地における人権・民主主義の確立、情報化や国際化・地球社会時代の到来など、時代の転換期にあって、次代を担う子どもの成長・発達に責任をもつ教師には、狭い専門的技術的知識にとどまらず、広く深い人間的・学問的教養がその根幹の力量として不可欠である。こうした現状認識にもとづいて、現代社会における教師の役割は重要である。そこで、現代社会における教師を「新しい知識人」と規定したい。知識人（intellectuals）は一般に知的労働に携わる人々を総括する社会層をいうが、ここではあえて「新しい知識人」と呼びたい。教師は未来社会を担う子どもに単に「科学の成果」や「文化遺産」を伝達するだけでなく、その伝達によって、子どもが、未来社会の可能性と共に生きながら、自ら未来を拓く力と感情と意志とを育てる仕事を負わされている。つまり「教師の専門性はこのような未来への知的関心という知識人の本質に子どもの成長・発達に責任を持つという媒介項を通して参加しているのである。(9)」ここで教師は「子どもの未来に責任を持つ」という意味において、「新しい知識人」と定義したい。教師は「子どもの未来に責任を持ち得る」専門的知識、技術、技能と未来を洞察する感性の鋭さ、豊かさがその力量として求められるのである。

第6節　教職専門科目編成の原理

大学における教職課程教育の意義は、二一世紀に向かうこれからの社会においては、ますます重要になることが予想される。それは人間・人類・環境の危機をはらんだ現代文明・社会の動向、学術の加速的、多彩かつ学術的な発展・人権・民主主義の確立、情報化や国際化・地球時代の到来など時代の転換期にあって、二一世紀を担う子ども・青年の育成にかかわる教師を養成し、また真理・真実を愛し、歴史を創造する教師を育てることである。

こうした教師の育成を目標とする大学教育は、一般教育、専門教育そして教職課程教育の三者によって構成される。このなかでもとりわけ教職課程教育であり、さらにその中核になるものが、教職専門教育科目である。教職専門教育科目編成の原理は、すでに述べた「教職専門教育科目の構築の理念」にもとづきながら、さらに「いま教師に求められる力量」に述べたことを明確に認識しつつ、狭い専門的技術的知識にとどまらず、広く深い人間的・学問的教養がその根幹をつくりあげていなければならない。教職専門教育科目編成は、少なくとも教育諸科学の研究成果が、体系的有機的に活用されて、将来教師になろうとしている青年にとって質（quality）の高い、教師としての力量形成の基礎となる教育を提出することが必要である。つまり、大学における一般教育および専門教育の上に教育諸科学の研究成果を体系的有機的に構成した教育学的認識（人間形成学的認識）を深める教職課程教育のカリキュラムのなかで構造化することである。[10]

この場合、教職専門科目の編成の原理として、まず第一に教師の力量形成にこたえるカリキュラムを用意するには「教育学及び関連諸科学の講義」と「教育実践」に触れ、その実践とのかかわりで理論化する。つまり、「講義→観察・実習→演習（理論化）」である。この考えにもとづいて教職専門教育科目を編成すると次のようになる。

「一般教育科目」「専門教育科目」と平行して「教職専門教育科目」を学年ごとに履修するわけであるが、二年次に「教育についての基礎的認識」領域について学習し、二～三年次にかけて「教育実践の基礎的認識」領域について学び、三～四年次に、「教育実践の実地研究」領域を学習し、その後にあるいは平行しながら、三～四年次に「教育実践の理論研究」の領域を修得することとする。

教職課程教育は二年次から開始し、「基礎的認識」にもとづいて、「教育実践の実地研究」を学び、その実践体験を内面的に理論化する「教育実践の理論研究」を主として「教職演習」「教職研究」等でゼミナール形式で行う。こうすることによって、「基礎知識」⇩「教育実践の理論化」へと発展させ、大学における教師教育の充実をはかり教師としての力量形成を実施していきたいと考えている。

とくに「教育実践の理論化」では、主として教育理論書、教育実践記録などを中心として、各自が「教育実習」

で体験した教育現実を深め内面化することを目標とする。そして、単なる技術的なことよりも、教育の根本にかかわる理念、子ども・青年の成長発達のメカニズムなどについて、学生自らが学習の場を創造していきたい。

教職専門教育科目の編成の視点は次の二点が重要であると考える。

第一に大学における教師教育で、将来教師になろうとしている学生に教師としての力量形成をより豊かにさせるためには、［教育学及び関連諸科学の学習］と教育実習によって［教育実践］に触れ、その実践体験を手がかりとして、実践体験を内面化理論化するカリキュラムを編成することが求められる。［講義→観察・実習→（理論化）］である。(11)

第二に、学問が形成されてきた過程を学生に追体験させることである。先に述べたように、「いま教師に求められる力量」の一つとして、学問的内容を教育内容に転換したり、教育内容から学問的内容への見通しをもったりする能力を育成することが必要である。

学問的知識や技術・技能は、そのままの内容で子どもたちに伝達されることはない。伝達が教育になるためには、伝達内容が学習する子どもとの関係で多様に変容されなければならない。指導計画として用意されている内容は、ただそれを理解させ記憶させればよいというものではない。その内容を子どもが自ら獲得し、さらに自らそれを修正したり否定したりしながら次第により学問的な内容に転換させていくことを見通して伝達することが必要である。前者が学問的内容の教育内容への転換であり、後者が教育内容から学問的内容への見通しである。この内容に関する能力は、学問的内容と教育内容とを統一する能力ということができる。この能力も、学問形成過程についての認識を得ることによって培うことができるのではないかと考えている。

いずれにしても、学問や技術・技能を修得する過程を体験することを通して、そのための方法を確実に身につけておくことが何よりも必要であるということになる。したがって、教師教育の一つの方向として「探究志向的」なパラダイムが考えられるのである。「研究者としての教師」の力量が求められるのである。教育実践者としての教師は、その経験によって方法を認識することと、その経験にともなう苦悩や喜びを体験することがきわめて重要である。とりわけ、その過程で体験した苦悩は、苦しみながら学習する子どもへの共感の源泉である。この体験を通して、教師は専門的知識をあれこれと教えるのではなく、少なくとも根本にある確かさというものを明らかにすることによって、子どもに人生の意味を教え、方向を示すのである。教師は価値というものに人間として姿を与えることができる。自分自身を捜し求めて子どもはおそらく自己の内面にまどろんでいる意志が、教師の姿（探究者としての教師）において具体化しているのを見ることができる。こうした出会いをつくる契機にもなりうるのである。

では具体的に、学問形成過程を学生に［追体験］させる事例をあげておきたい。[12]

(1)　卒論はいまよい思い出として、又心の支えの一つとなっている。自ら学ぶ姿勢を、内容はつたないものであったかもしれないが、この時得たと思っている。講義や演習、教育実習だけでなく、……学問・研究の基礎となるような専門科目を大切にしていくべきと思っている。

(2)　私の場合、上代文学のゼミで万葉集を学ばせていただき、卒論もそれでしたが、学問のおもしろさのほんの一端でも知ることは生涯の宝物になりました。

(3)　教員養成の方向として、知識を広く浅く、すぐ実務につけるというような姿は、新採後一、二年しか通用しない。やはり一つの教科、一つの専門を深く学んだものを身につけてほしい。深いものを持っていることが、他のことにも応用できるし、その人の自信につながる。

(4) 広い視野をもって、生き生きと活動できるように、教員養成にあまりこだわらない大学教育がされるとよいと思います。結局は現場に出てから苦しみながら成長していくのですから。その過程を子どもと共に過ごす事は、子どもにとって決してマイナスではないと思っています。

(5) 今や教師さえも受験ばかりに強い人が採用され、様々な能力をもった人間、ユニークな人材が集まりにくい。大学は教員養成ばかりに力を入れず、学生一人一人の極めたい分野を思う存分追及していけるような体制をつくるべきだと思う。……教師としての勉強は現場に入ってからで、資質さえあれば十分やっていける。

(6) 私が大学で受けた教育は学習指導要領の改訂期で「て・に・を・は」がいかにかわったかなど、……技術的なことよりも、教育の根本にかかわる理念などについて、学生自らが学ぶ場がほしかったように思います。いつも教えられることが多く、うけみのまま。主人公として学習する場は授業の中でほとんどありませんでした。

以上のように、大学における教職課程専門教育科目の編成の原則は、当然のことながら、一般教育や専門教育によって重要な理論的基礎および学問的研究成果に精通すること、さらにこの体験を通して学問的研究方法および伝達方法を有効に活用して教育実践に応用する能力を得ることが重要である。そこで求められるのは「探究者としての教師」であり、「研究者としての教師」という位置づけである。こうして、教育理論と実践の統一者としての教師が生まれるのである。こうした考えにもとづく、教職専門教育科目構成は第2章で触れた通りである。

注

(1) 全国教員養成問題連絡会(略称、全教連)は一九八三年一二月一一日教育職員免許法の改正問題が提起されてくるなかで創立された教員養成問題に関する専門的研究団体である。会長は三輪定宣・千葉大学教授、会員数一八三名（一九九〇年九月現在）である。この調査は全教連が一九八九年七月に行った「教免法改正に伴う大学の対応状況に関する調査」である。調査内容は、大別すると、①カリキュラム改革の組織と過程、②カリキュラムの内容、③カリキュラム改正をめぐる問題点である。調査対象は、国公私立大学および私立短期大学の一三七大学で回収率は六二・八％であった。その結果は、日本教育学会第四八回大会（一九八九年八月二九日於筑波大学）、および全教連第一二回意見交流集会で報告した（筆者も共同研究者の一人である）。

（2）「教員養成制度について」（中間報告）一九七〇年一一月二六日、『大学問題に関する調査研究報告書』国立大学協会大学運営協議会、二六一頁。

（3）「教員養成制度に関する調査研究報告書」国立大学協会教員養成制度特別委員会、一九七二年。

（4）教員養成カリキュラム研究会「新教育職員免許法下の教員養成カリキュラムに関する調査研究」日本教育学会第四九大会（一九九〇年八月、九州大学）［教師教育Ⅱ］発表資料参照。この研究調査はすでに各大学がカリキュラム等の改正を完了し、一九九〇年度から実施している段階において、履修基準その他のカリキュラム改正をめぐる経過や問題、新免許法に関する意見等の全国的傾向を、全国規模の調査により具体的総合的に把握分析し、各大学における今後の教員養成の改善に資することを目的とする。そのため、大学を類型別に区分し、教員養成を主たる目的とする国立教員養成大学・学部、開放制教員養成を担うその他の国公立大学・短大、私立大学、私立短大について、それぞれの特徴や問題を究明し、相互の比較考察を行い、新免許法下の教員養成カリキュラムの全体像を多面的に探ることを課題としている。

調査事項は、Ⅰ大学および教員養成の概況（一～六項）、Ⅱカリキュラム改正の方法・課程（七～一三項）、Ⅲカリキュラム改正の内容（一四～二〇項）、Ⅳカリキュラム改正に伴う条件整備（二一～二二項）、Ⅴ課程認定（二三～二七項）、自由意見欄（三二項）の七領域三二項で構成した。

調査の規模は、新免許法にもとづき一九八九年度に再課程認定が行われた全国のすべての国公立大学・短大を対象とし、その数は国立大学八五。公立大学二六、私立大学二九五、国公立短大三一、私立短大三七八、合計八一五大学を数える。調査内容は、Ⅰの概況、Ⅴの課程認定を除き、主として教職専門教育科目に限定し、記入者を教職課程（教育学教室）主任に特定し、Iの概況の客観的事実を除いて、その個人的判断による回答を依頼した。

アンケートの回収状況は、合計三三六大学（調査票送付大学の四一・二%）、国立教員養成大学・学部二六（同四八・一%）、その他の国立大学二〇（同六二・五%）、公立大学八（同三〇・八%）、国公立短大一七（同五四・八%）、私立大学一二三（同四一・七%）、私立短大一四〇（同三七・〇%）であった。また、カリキュラム関係資料送付数は、合計四二五大学（送付依頼大学の五二・一%）にのぼり、その点数、量は厖大である。

（5） Bollnow, O. F., *Die pädagogische Atmosphäre*.1965.（森昭・岡田渥美訳『教育を支えるもの—教育関係の人間学的考察—』黎明書房、一九六九年）、とくに「第二章、教育者の特性」参照。

（6） 今津孝次郎「教師教育に関する国際比較のための理論枠組（序論的考察）」『環太平洋圏における文化的・社会的構造に関する研究』一九九〇年、一〇六～一〇七頁。

（7） Kenneth, M. Zeichner, Alternative Paradigms of Teacher Education, *Journal of Teacher Education*, 1983, Vol.3, No.5, p.6.

（8） 山田勉「教師の資質形成と教育実習—教育実習教育改革の方向—」『横浜国立大学教育工学センター紀要』第一号一九八九年、九頁。

（9） 勝田守一「知識人としての教師の責任」『教育研究運動と教師』（「勝田守一著作集」第三巻）国土社、一九七二年、五二九～五三一頁。さらに大田堯氏は関西大学教職課程研究センターでの講演「今、教師に問われているもの」のなかで「知識人としての教師」について次のように述べている。「教員養成は大学で」という原則というものを深刻に受け止めて、これを発展させる必要がある。……私は教師というものは、研究者と同じように知識人として育てられなくてはならないと思っているわけです。知識人としての誇りを持つと申しますか、『おれは、こういう重要な任務を果たしている』という自負心ですね。専門分担意識です。……私は大学の中でアカデミックな欠点もございますけれども、知識人としての、特に民衆の生きざまに、責任を負うような知識人として大学の中で自由な学風を育てる、選択的な勉強をすることによって、知識人としての自信を蓄える。そして、知識人という立場で団結して外からの自由の侵害に対して断固として斗う、そういう強い人間であってほしい。そういうことを目指した教師を育てるということが必要なのではないだろうかというふうに私は思います。」『教職課程研究センター年報』第四号、関西大学教職課程センター、一九九〇年、二九～三〇頁。

(10) 拙論「教師教育カリキュラム編成の理念と私立大学の教職課程カリキュラムの改革の動向」『教師教育研究』No.3、全国私立大学教職課程研究連絡協議会、一九九一年、参照。

(11) 実践体験を内面化理論化する演習では、林竹二、斎藤喜博、国分一太郎、寒川道夫、東井義雄、大村はま、向山洋一等の教育実践に関する著作を活用したい。

(12) 「教員養成と教育研修の連携に関する調査研究」東京学芸大学教育研究室、一九八七年参照。

第4章　大学改革のもとでの教育者養成カリキュラム編成

第1節　問題提起

大学設置基準が改正され、大学における教育・研究の根本的なあり方が「大綱化」のもとに再検討され、改革が積極的に進められている。戦後教育改革の精神を担って生まれた戦後日本の大学教育の理念を具体的に実現する内容を規制していた「設置基準」がもっていた積極的な部分が、たとえば産業社会の要求に応じて解体される一方で、設置基準の大綱化がもたらす大学における教育・研究の個性化・多様化・高度化のための取組みは、新たな大学の教育・研究の可能性を内在し、新しい世紀に向かって国民の期待にこたえようとするユニークな試みもなされている。

こうした大学教育の改革が進められている状況のなかで、各大学における教育者養成のカリキュラムはどのように大学教育のなかで位置づけられようとしているのか、また、「設置基準の自由化」と「教育職員免許の規制」の乖離《かいり》のなかで、子ども、父母、国民の期待にこたえうる教育者養成のカリキュラム編成をどのように大学教育総体のなかで構築していったらよいのか、検討してみたいと考えている。

第2節　大学の大綱化への対応

今回の大学設置基準の改正は、大学教育の枠組みの規制を大綱化したもので、それぞれの大学が独自の建学の精神（理想）に沿った自主的な改革の道を拓くものである。設置基準の大きな骨子は、具体的には次の二点がある。

まず第一に、大学において開設すべき科目を従来、一般教育、外国語、保健体育、専門教育という四つのカテゴリーに分けて、具体的に指示していたのを廃止して、それぞれの大学、学部あるいは学科の掲げる教育理念・教育目標に沿って、それを達成するのに必要な科目を開設することができるようになったことである。

第二に、大学に自己点検・自己評価の実施を求める規程が新たに加わったことである。この二点が今回の改正でもっとも大きく変わったところであるが、これに加えて生涯学習社会の到来に備えて、四年間継続して在学する者だけでなく、生涯にわたって継続的に学習する者に対しても単位を与え、それが累積した時に、学士号の取得につながる道を開いたことも新しい点である。

まず、各大学が今回の大学設置基準の改正をどのように受けとめたのか、日本私立大学連盟が、加盟大学の学長を対象として実施した「学部教育の改革に関するアンケート調査」（一九九一年九月実施）をもとにその動向を探ってみることにする。(1) 今回の大学設置基準の改正が、大学改革においてもつ意味について、各大学の特徴的な意見をみると次の意見にまとめられる。

(1)　新大学設置基準が大学の発展のために役立つものと考え、この機会を活用したい。

(2)　新大学設置基準の提示を機に、大学独自の教育理念を学内で再検討して、新しい世紀に向かって充実した、個性的な教育を展開することが必要であると考えている。

(3)　これまで一般教養科目に対する学生の関心度はきわめて低く、新制大学発足時に掲げられた教養課程の理念からはほど遠い状態にある。したがって、このたびの大学設置基準の大綱化は、教養課程の問題に積極的に取り組むための絶好のチャンスであると考えている。

(4)　新しい学部設置、改組転換に当たって、文部省の窓口行政は従来のような硬直した対応を改め、新設置基準の精神を生かして、それぞれの大学の個性を尊重し、柔軟な対応がなされるべきである。

これらの意見をみると各大学ともに大学設置基準の改正を大学教育改革の絶好の機会とみている。「大学独自の教育理念を再検討し新しい世紀に向かって個性的な大学教育」を構築することを考え、また長年の懸案であった「教養課程のあり方」の検討、さらに「文部省の大学管理行政」、つまり「上からの改革」に対する改善を求め、真の改革の契機にしようとする、いずれも積極的な大学教育改革への主体的な意思を読みとることができる。

次に、現時点での大学改革への取組み、改革動向および改革全体に対する意見を、各大学の教職課程（教員養成課程）担当者に尋ねた結果を検討したい。

「大学設置基準の大綱化の下における教職課程のあり方に関するアンケート調査[2]」（一九九三年三月実施）

今回の大学教育改革とりわけ学部教育改革の中心的なテーマの一つが、一般教養教育（general education）のあり方の問題であり、同時にそれは専門教育（professional education）との関係でもある。改革全体の内容についての主な意見をみると国公私立大学とも、次のように四つの傾向を示していることがわかる。

(1)　「専門重視の傾向」

・専門性強化、学部別一貫体系のカリキュラム編成を課題として検討中。
・教養科目の単位数は縮小し、専門科目中相当数の科目を一年次から履修可能とすることなど専門性強化の方向である。
・一般教育課程を廃止し、専門性を強化するために四年一貫カリキュラムに改編した。
・専門性を強化しコース制を採用した。
・四年一貫の少人数ゼミ教育と専門教養におけるコース制導入による系統性の重視。
・改革全体についての理念、目標などの論議が不十分のまま、各学科、専攻ごとの改革論議の段階で、方向としては専門性強化が出ている。

(2)「一般教養重視の傾向」

・本学固有の諸事情を勘案し検討した結果、以前同様に「前期課程」と「後期課程」に分けて学部教育を行う。前者については「リベラル・アーツ」教育を重視、後者については検討中。
・一般教養の質的充実。
・現状維持、内容の充実、少人数ゼミの強化によって一般教育を充実する。

(3)「教養・専門の両立の傾向」

・専門教育と教養教育の有機的結合をめざし、教養課程を廃止した。
・教養教育と専門教育の両立、コア方式、主題・テーマ設置等により、学部間の壁の撤廃。
・専門、教養を共に重視、両者を積み上げ方式ではなく、コンカーレート方式、両者の接点に「総合自由科目」を設ける。

・専門と一般の枠を取り払い、分野として総合整理した。

(4)「その他（主として授業形態の改善などについて）」

・カリキュラム構造の改革に合わせて授業形態（少人数教育の実現）を目指して改善した。
・クサビ型にし、総単位を減じ、学生が取りやすいようにした。
・学生の志望に応じた多様な要望に的確に対応する。
・授業科目の区分を変更し、複数専攻による専門教育システムの確立と学生の選択的な科目数の増加、授業方法の改善を行った。
・学生の多様化するニーズにこたえられるようにした。

さらに、大綱化にともなう大学教育の改革全体の動向に対して教職課程の立場からの主な意見をみると次の通りである。

・教職に教養の幅広さも必要であるので、専門が強くなる傾向には不安を感じる。
・一般教育の軽視にならないように努力、教職課程が履修しにくくならないように配慮必要。
・改革の内容以前の進め方が、あまりにも各学部が先行しているため、今後に予定されている全学的調整が困難になるであろう、とくに教職課程の対応が難しくなることが考えられる。
・カリキュラム改革に必要な人的条件の整備や大学、学部の機構改革が全体として見通しがつかないので、真の改革に至るかどうか難しい。専門性を高めるうえで一般教育とのかかわり（総合科目）を重視すべきである。
・人間教育として一般教育は重要。総論賛成、各論反対で、各学部の専門重視の傾向があって一般教育重視にならない。

・一般教育科目の重視、教科についての深い専門的学識も求められるが、それ以上に新しい世紀に向かって教師には総合的な幅広く深い教養や批判的探究の精神が求められる。
・大学の自主性や自由な個性の尊重をめざすかのような臨教審や新基準を示しながら、統制的な指導性がみられる。

以上、二つの調査結果から考察すると、大学教育における一般教育と専門教育の境界に風穴をあけようとする試みは、各大学においてさまざまな形で試みられているが、実態は各大学のカリキュラム改革の動向はようやく具体化しはじめた段階で変化の方向を展望するのは困難であるが、少なくとも現段階でいえることは専門性強化の方向、つまり一般教育軽視の方向に、限りなく志向していることは事実である。学部・学科の縦割り構造が一層促進され、教育研究活動が過度に細分化され、幅の狭い人材養成となり、転換期が求める新しい学問の発展に対応する弾力性を失わせる危険性がある。こうした動向に対して教職課程担当者からは、「幅広く深い教養」「人間教育として一般教育の重要性」「新しい世紀に向かって教師には総合的な幅広く深い教養や批判的探究の精神」等の欠けることに対する危惧の念が述べられている。

第3節　転換期の教師に求められる力量

新しい世紀を目前にして、私たちを囲む内外の現実は過去のいかなる時代にも増して深刻な激動と混迷の状況を現している。

それは先進国においても、発展途上国においても、子ども・青年の成長・発達の上に考慮すべき深刻な状況を招来させている。とりわけ、現代の日本社会をみるとき、一九六〇年度以降の徹底した経済優先政策を追求した結果、人々の生き方、ありようにさまざまな矛盾を引き起こしている。とくに、教育の荒廃は子ども・青年たちの人間形成に深刻な影響を及ぼし、子ども・青年たちの人間的成長・発達の危機を露呈している。このような事態を解決すべき国の文教政策は、教師の自由で創造的な教育実践を保障するのではなく、ややもすれば教育の管理・統制を強化する方向に動いているといわざるをえない。このような状況のなかで、現実の子ども・青年の成長・発達の危機を克服し、新しい世紀を開いていく教育者が子ども・青年、父母、国民から求められている。こうした時代の変化のなかで教育者に求められる力量・能力（つまり、教育という仕事の役割を背負っている人として望ましい力）とは何か、明らかにしておきたい。

まず、筆者も共同研究者の一人として加わった「新教育職員免許法下の教員養成カリキュラムに関する調査研究」[3]（一九九一年七月）の調査結果をもとに「二一世紀に向かって重要と思われる教師の力量は何か」を探ってみると、次のように回答している。一位は「豊かな人間認識・人間性や人間理解教育の能力」（八九・九％）、二位は「子どもへの深い理解や子どもの立場・内面に即した教育の能力」（八二・五％）、三位「国際社会、地球時代への幅広い視野や国際教育（国際理解、国際協力、国際平和のためなどの教育）の能力」（七七・一％）、四位は「自らの創造力の発揮や子どもの創造力・想像力を育てる能力」（六九・六％）、五位は「自らの魅力ある個性の発揮や子どもの個性を育てる教育」（六二・八％）、六位は「教育者としての倫理・使命感」（六一・六％）、七位は「自然環境や生態系の認識や環境教育の能力」（六一・〇％）、八位「鋭い人権感覚や子どもの人権意識を育てる教育」（五八・九％）、九位は「学問の自由の尊重、学問研究能力や真理・真実を探求し教える能力」（五六・三％）であった。これに対してきわめて指摘が少なかったのは、「学習指導要領に即した実践的指導力」（一九・四％）、「法令順守や校長を中心とする学校のまとまりへの協力」(九・二%)、「子どもを管理し規律を保持する能力」(七・五%)と著しい対比をみせている。その中間にあるものが、「国民に直接に責任を負う教育者としての主体性、父母の要求の理解や子どもの自主性・自治を育てる能力」(五二・四%)、「情報化社会への認識や情報処理能力」(四七・六%)、「地域の認識や地域教育の能力」(四三・七%)などがあげられている。

さらに、教育者の力量について調査報告を検討したい。

「大学設置基準の大綱化の下における教育者養成に関する総合的調査研究」(一九九三年)による「新しい時代の教育者に求められる力量」の研究報告から、「教育者の力量」について考えてみたい(4)。この調査は、大学教員(教師教育学会員)と小・中・高等学校教員および教職課程履修学生・教育学部学生(四年次生)を対象としたものである。集計の結果を比較してその順位をみると表4・1の通りである。

表4.1　期待される教師の力量資質

	[大学教員]	[現職教員]	[学　生]
(1) 豊かな人間性	+1.80 ①	+1.84 ①	+1.84 ①
(2) 教師としての自覚	+1.37 ⑦	+1.39 ⑦	+1.21 ⑧
(3) ユーモアのセンス	+0.93 ⑯	+1.03 ⑬	+1.05 ⑫
(4) 子どもから好かれること	+1.24 ⑪	+1.03 ⑬	+1.35 ⑤
(5) 児童・生徒の性格や個性を把握する力	+1.61 ④	+1.52 ④	+1.50 ②
(6) 教科に関する実践的指導力	+1.61 ⑤	+1.69 ②	+1.16 ⑨
(7) 教科外活動に関する実践的指導力	+1.25 ⑨	+1.18 ⑨	+1.08 ⑪
(8) 担当教科に関する専門的知識・技術	+1.64 ③	+1.56 ③	+1.34 ⑥
(9) 教科外活動に関する専門的知識・技術	+0.97 ⑮	+0.96 ⑰	+0.94 ⑬
(10) 基礎的な教養	+1.42 ⑥	+1.34 ⑧	+1.16 ⑨
(11) 社会的・日常的な常識	+1.25 ⑨	+1.52 ④	+1.45 ③
(12) 人権感覚	+1.74 ②	+1.46 ⑥	+1.42 ④
(13) 教育に関する体系的知識・理解	+1.27 ⑧	+0.86 ⑲	+0.90 ⑮
(14) 教師としての確固とした教育観	+1.18 ⑬	+0.96 ⑰	+0.94 ⑬
(15) 実務的な能力	+0.74 ⑲	+1.07 ⑫	+0.56 ⑲
(16) リーダーシップ	+1.01 ⑭	+1.03 ⑬	+0.85 ⑯
(17) 同僚との協調性	+0.87 ⑰	+1.17 ⑩	+0.85 ⑯
(18) 学校の組織の一員としての自覚	+0.87 ⑱	+1.15 ⑪	+0.73 ⑱
(19) 父母や地域社会との協力関係	+1.24 ⑫	+1.01 ⑯	+1.23 ⑦

この集計結果から「教師の力量」をみると三者ともに第一位は「豊かな人間性」があげられている。第二位、大学教員は「人権感覚」、現職教員は「教科に関する実践的指導力」をあげ、学生は「児童・生徒の性格や個性を把握する力」をあげている。第三位は、大学教員と現職教員は「担当教科に関する専門的知識・技術」をあげ、学生は「社会的・日常的な常識」をあげている。第四位は、大学教員、現職教員ともに「児童・生徒の性格や個性を把握する力」をあげているが、学生は「人権感覚」となっている。第五位は、大学教員が「教科に関する実践的指導力」、現職教員は「社会的・日常的な常識」、学生は「子どもから好かれること」をあげている。第六位、大学教員は「基礎的な教養」をあげているが、現職教員は「人権感覚」をあげ、学生は「担当教科に関する専門的知識・技術」をあげている。このように見てくると、「教師の力量」として、まず「豊かな人間性」があげられている。ついで「児童・生徒の性格や個性を把握する力」「人権感覚」「担当教科に関する専門的知識・技術」「社会的・日常的な常識」「教師としての自覚」「基礎的な教養」などの順になっている。

以上二つの調査結果をもとに、転換期に求められる教育者の力量を総合的にとらえると次のように考えられる。まず、第一に「幅広い確かな教養に裏づけられた豊かな人間性」であり、第二に、「一人ひとりの子どもの内面に秘められている無限の可能性を発見し育てる奥深い人間理解能力」であり、第三に、「子どもの生存と発達を権利として保障しようとする鋭い人権感覚を持つこと」、第四に「常に探究者として学問の自由の尊重と学問能力や真理・真実を探究し教える能力」、そして最後に、「教師としての時代を創造し、想像するという自覚と使命感を持つこと」つまり科学の成果や文化遺産の伝達をするだけでなく、その伝達によって、子どもが社会の未来の可能性とともに生きながら、教育者自らその未来を開く知性と感情と意思を育てる仕事を負わされているのである。

このような教育者の力量形成は、大綱化のもとでの大学教育改革のなかでどのように構築していくことが可能であろうか。

第4節　教師教育と一般教育のかかわり

大学審議会答申にもとづく大学設置基準の大綱化で「授業科目の区分」が廃止されたことで、一般教育の解体の懸念が叫ばれている。これに対して、新設置基準では、第一九条「教育課程の編成方針」で「大学は、当該大学・学部および学科または課程等の教育上の目的を達成するための必要な授業科目を開設し、体系的に教育課程を編成するものとする」とし、さらに二項で「教育課程の編成にあたっては、大学は、学部等の専攻に係わる専門の学芸を教授するとともに、幅広く深い教養および総合的な判断を培い、豊かな人間性を涵養するよう適切に配慮しなければならない」と規定している。このように新設置基準においては、「幅広く深い教養」「総合的な判断力」「豊かな人間性」を培い涵養する配慮が求められているが、そのために特定の授業科目の設置が必須の要件として求められているわけではない。これに対して、「専攻に係わる専門の学芸」は授業科目として設置し教授することが義務づけられている。したがって、現在各大学においては、専門科目をシフト（主軸）とした教育課程への転換が急速に進展していくことは周知の事実である。まず、ここでは各大学が学部教育のなかに一般教養教育をどのように位置づけ、どのような角度から改革に着手し、教育課程を編成しようとしているのか、「学部教育の改革に関するアンケート調査」報告書（日本私立大学連盟、一九九一年）をもとに考察することにしたい。[5]

大別すると次の五つの視点からの位置づけ、検討が行われている。

(1)「建学の理念・教育目標とのかかわり」——建学の精神は、時代を着実にとらえ、空論・虚学に傾かず自主・

自覚の精神をもつ気品のある人間を育成することにあり、それぞれの個性・適性に応じて内外に通じる幅広く深い教養を基盤に、専門の学芸を修めて積極的に社会的活動に参加し、自分の信ずるところを実践して、文化の進歩・発展をはかることをその教育目標としている。今回の学部教育の目標はこの本学の目標とまったく合致している。

(2)「従来の一般教養教育への反省」――教養と専門を横割りにしてきた結果、教養教育と専門教育の不連続性を招き、教養科目への興味を失わせ、「硬直化」「形骸化」を招くに至った。こうした反省から、教養教育を一〜二年次に集中させずに四年間の大学教育全体のなかに位置づけ、各学部の専門教育と有機的な連関をもつかたちで再編成することを検討している。こうしたカリキュラム改革によって、教養教育を活性化し、「学問を通しての人間形成」という本学建学の精神を高揚すべきであると考えている。

(3)「専門導入・基礎としての一般教養教育（学部教育の専門教育へのシフト）」――「専門の学芸の教授」と「幅広く深い教養・総合的判断力」の両立は理想であるが、要卒単位数減をめざす今日の傾向に照らせば、専門教育と一般教育のつながりをより密にし、無駄を省くという方向以外に模索すべき方向はなかろう。その意味で、専門教育に直結するような効率のよい一般教育科目をこれからは開設する必要を感じる。

(4)「一般教養教育を重視した学部教育（学部教育の教養へのシフト）」――専門教育を生かすためには、狭い意味での専門教育中心主義であってはならず、いわゆる一般教育の内容、すなわち広くかつ均衡のとれた基礎教養との結びつきが不可欠と考える。

とくに歴史的観点、地球的観点、人間的観点を通して民主的社会の指導者としての社会的・文化的責任を自覚した主体的人格の養成が必要である。本学には三つの建学の理想があるが、その実現をはかるうえでやはり基礎教養の涵養を核としたカリキュラム編成が望まれる。

(5)「専門教育と一般教養教育の連携・並列」――当初から一般教養教育科目と専門科目の有機的関連を考えてきた。それは、創造性・主体性の涵養のためには、専門的知識の基礎が必要であり、また専門的知識を深めるためにも、関連領域の知識がいよいよ必要になってきている、という認識に立っている。

以上、学部教育改革の中心的テーマの一つである一般教養教育のあり方を五つの視点から位置づけ、その代表的意見を検討してきた。各大学とも慎重に大学改革に対していることは十分に理解できるが一般教養教育の改革の動向、「専門の導入・基礎としての一般教養教育」（学部教育の専門教育へのシフト）の方向に進んでいることは否めない事実であり、いっそう大学の内部組織が縦割り構造になり、教育研究活動に過度に細分化させ、幅の狭い人材養成となるうえ、新しい学問の発展に対応する弾力性を失わせる危険性をはらんでいる。

そこで、教育者養成における一般教育のあり方に言及すると、少なくとも「教員養成は大学で行う」という戦後の教員養成の原則にもとづけば、教員養成は「一般教育」「専門教育」および「教職教育」で構成される大学教育の総体として行われるべきものである。

われわれの行った「教員養成と一般教育に関する調査研究」（一九九一年）によってみると、教員養成における一般教育の理念、重要性の認識は高い。「なぜ教員養成において一般教育は必要なのであろうか」。第一に「教員には教科や教職の専門的教養のほかに、幅広い知識や深い教養が必要である」。第二に「現代社会の問題を深く理解して教育に役立てるため、特定の学問に偏らない総合的判断や視野が必要である」。第三に「教員には人間を育てるという教育の性質上、豊かな人間性・人間的教養が必要である」。これらの結果を見て明らかなことは、一般教育のめざす、専門的な知識の習得だけにとどまらず、学生に学問を通じ、広い知識を身につけさせるとともに、ものを見る目や自主的・総合的に考える力を養う一般教養が、教育者の専門的力量形成に不可欠・不可分の構成要素として理解されており、一般教育が教育者養成、教育者教育の基礎的課程として非常に重要であることが示唆されている。教育者教育にとどまらず、今日の大学教育のなかにおいて一般教育の役割は、次の点において重要な意味をもち、大学教育にとって不可欠であると考えられる。第一に「いわゆる受験偏重の教育からの解放」。第二に「大学における『学問』への教導」。第三に「知識体系の全体像の提供」。第四に「専門教育への関心の喚起と基本的トレーニング」。第五に「広い視野を有する良き社会人となるための基礎的教養の涵養」などがあげられている。[6] ただし、一般教育の理念は、「一般教育科目」に限定されるものではなく、外国語教育や生涯にわたる健康管理に関する保健体育の意義等も軽んじられることがあってはならない。

しかし、すでに述べたように、大学設置基準の大綱化のもとにおける各大学の実態は、われわれが望む方向とは逆の方向に大綱化の名のもとに大学教育の改革が進められている。そのことは、「大学設置基準の大綱化の下における教職課程のあり方に関するアンケート調査」（一九九三年六月）の結果を見ても明らかである。[7] それは大綱化による各大学のカリキュラム改革の内容とそれに対する教職課程の立場からの意見を尋ねたものである。ここでは、とくに、「一般教育的分野」についてみると、第一に明らかなことは、国公私立大学とともに、一般教育のあり方の反省、それにもとづく改革で、「総合科目」「学際的科目」「教養セミナー」および少人数教育、「クサビ型履修方法」など、第二に、教養科目を減らし、専門科目を増加させる傾向である。主な意見を見ると、「一般教育重視の視点を維持する必要がある」「教養的な分野が軽視されるのには、教職課程の立場から反対を主張している」「教職としては、むしろ三分野を残し、必修選択ともに三分野から履修させた方が調和のとれた一般教養が培われる」などであるが、一般教養教育の軽視の学部教育の改革に対しての反対意見が多かった。

とくに、教師養成教育において一般教育を重要視する理由は、端的にいえば「国民の知的形成」について専門職者として責任をもつ教師にとって、一般教養教育が不可欠のものである。しかし、それは新設置基準（第一九条）や教育職員免許法施行規則（第二二条二項）がいう単なる「幅広く深い教養」「総合的判断力」とか「豊かな人間性の涵養」など美辞麗句に終わるおそれがある。つまり、一般教育関係の科目や単位数を適当にそろえておけばよいという形式的対応で済ませてはならないと考えている。この点について右島洋介教授の指摘は傾聴に値する。ここに引用すると次の通りである。「一般教育の基本的意義というのは、学生があれこれの分野の知識を羅列的、断片的に得るということではなく、各学問分野の授業に参加して、学問的なアプローチの仕方を学ぶこと、その中で自然や社会や人間諸問題をラディカルに問い、批判的に探究して、その本質を認識するような姿勢や精神を培うことであり、専門分野のみの狭い知識や技術の習得に終わらせないことであると思う。そうした視点に立つときこそはじめて、幅広く深い教養や総合的な判断力ということの意味も生きてくるのではないか」と[8]。大学教育の改革のなかで、このように一般教育の本質と意義とを問い直しつつ、従来の一般のあり方を批判的に検討して、「学問的精神」「批判的探究の精神」などを新しい教養教育のなかでいかにしたら培えるか、大学教育としての教養教育の確固たる位置を確立することが大事なことである。そのことが、新しい時代を開く教育者養成教育を構想し、構築していく重要な視点であると考えている。こうした視点こそ、教育者が自らの教育実践を通して、子ども・青年、父母や国民に対してその社会的責任を果たしていく実質的なエネルギーの源となるからである。

第5節　教師養成のカリキュラム編成

いま、日本中の大学が臨教審の答申によって生まれた大学審議会の答申による大学設置基準のいわゆる大綱化による、上からの改革の波に激しく揺れている。そうした状況のなかで各大学の学部教育の改革が自主的に進行しており、次第に改革の方向が明らかになってきている。各大学におけるカリキュラムは、学校教育法第五二条（大学の目的）、および大学設置基準第一九条（教育課程の編成方針）の規定から、大学の建学の精神・理想さらに学部および学科の学問分野にかかわる知識・技術の教育、および目標とする力量・能力の涵養のために、一定の理念にもとづいて意図的・計画的に配置された学科目の総体であるということができる。各大学の学部教育の個性化とかかわるカリキュラム編成は、時代の変化のなかで学問としての体系をどのように構築するかという基本的な視点とともに、教育機能としての教養教育と専門教育をどのように位置づけ、どのようなバランスで配置するかという視点が考えられる。日本私立大学連盟編『大学教育の刷新をめざして』（一九九三年九月）によると、学部教育における「一般教育科目」の位置づけは、次のように類型化することができる。(9)

a　建学の理念・教育目標とのかかわりにおいて教養教育を位置づける。

b　形骸化した機能の活性化をはかり、従来通り教養教育に固有の機能をもたせる。

c　教養教育を全人教育として位置づけ、専攻にかかわる専門教育をも教養教育の一環と位置づけた教養教育重視型のカリキュラム体系を志向する。

d　教養教育を専門教育の基礎ないしは、それを補強するものとして位置づけた専門教育重視のカリキュラム体系を志向する。

e　教養教育と専門教育とのバランスないし有機的な連携を重視し、両者の機能の統合化をはかったカリキュラム体系を志向する。

さらに、各大学は、教育目標の面からも、学部教育の機能、たとえば、「導入教育」「教養教育」「専門教育」（専門基礎教育、普通専門教育、高等専門教育）などの教育機能にかかわる構成要素をどのような内容と比重で編成するかということも、各大学の見識に委ねられている。

上述のように各大学の教育改革の動向のなかで、教育者養成のカリキュラム構成を考えるとき、法的には、教育職員免許法施行規則第二二条二項の規定があるが、戦後の教員養成の基本理念である『大学における教員養成』の内実の変更にかかわる契機を含んでおり、多様化される大学教育の中で、教師の資格基準や実質的な教師の力量形成をどのように考え保障して行くのか再検討が迫られている」[10]。まさに現在、教育者養成のこうした状況の内実が問われているのである。そこで、教育者養成カリキュラム編成の理念として教育職員免許法改正の折に表明された二つの意見書に、大綱化にともなう大学教育改革のもとでの教育者養成カリキュラムの再構築の理念を求めたい。

一つは、日本教育学会・教育制度研究委員会の意見である[11]。基本原則として次のように意見を述べている。『大学における教員養成』の本旨に基づき各大学のカリキュラム編成の創意や自主性を最大限に尊重することを求めます。『大学における教員養成』の趣旨は、各大学が、大学の自治、学問の自由を根幹に、国民の付託に応え、それぞれの教員養成の理念に基づき自主的・自治的にカリキュラムを決定し、一般教育を含め、大学の全教育活動を通じて教員養成を行うことです。」（傍点は筆者）

もう一つは、全国教員養成問題連絡会の意見である[12]。大学における教員養成のカリキュラム編成のあり方について、次のように意見を表明している。「新免許法への対応が求められるとしても、大学における教員養成課程のカリキュラムについては、まさに各大学の識見と責任のもとに、教育学その他諸科学の研究成果を反映しつつ、自主的かつ主体的に編成されることが大切である。特に教員養成課程の再課程認定の届け出を前にして大学カリキュラムを編成するに当たっては、少なくとも次のような視点にたって行われることが必要である、と考える。大学の自治や理念および教育現場や国民に対する責任について強く自覚するとともに、特に私立大学の場合は〝建学の精神〟を確認し、一般教育科目および教科・教職専門教育科目の全体にわたり、それにふさわしい各大学独自の教員養成のあり方を追求する。（以下省略）」（傍点は筆者）

こうした教員養成についての基本理念のもとに、わが国の教育現実をみると、現代の日本社会は、徹底した経済優先の論理を追求するあまり、人間の生き方、あり方にさまざまな矛盾を引き起こしている。とりわけ、教育の荒廃は、子ども・青年の人格形成に深くかかわり、子ども・青年の人間的成長・発達のうえに危機的な状況をもたらしている。このような子ども・青年をめぐる教育の危機的状況のなかで、現実の子どもの成長・発達の危機を克服して一人ひとりの子どもの内面に秘められている「人間らしく生きたい」という願いをしっかり受けとめる教師、日々の教育実践を通して、子どもの人権を保障し、未来社会に生きる希望と生きる力を子どもや青年たちの内面に育み、人間的な成長・発達を促す教師を養成する大学教育が求められている。このような認識に立って、子ども・青年、父母、そして国民の期待にこたえる豊かな人間的感性や人間理解能力などの人間的力量をもった教育者養成カリキュラム編成を大学教育改革総体のなかで再構築することが求められている。すでに検討してきたように、教育者の力量形成にとって一般教養教育は不可欠であり、具体的に教育者の力量形成の重要な部分を構成している。同時に教師は、免許教科の背景にある専門学問分野の探究者でなければならない。この点について、全私教協第九次態度表明では、次のように述べている。[13]「第一に教育は学問的真実から乖離してはならない。学問と教育の分離という戦前の日本の教育の特質は、戦後改革によって克服されたかのようにみえたが、残念ながら十分に克服されていない。（中略）第二に、学問はできあがった知識の集蓄ではなく、真理探究の過程そのものである。大学教育においては真理探究の手続き（方法論）を確実に伝え、その革新に取り組まなければならない。」（傍点は筆者）

今回の大学教育改革の進行のなかで、教師教育の構造は一般教養教育と専門そして教職教育の総合によって成立していることを再認識しつつ、われわれが大綱化による大学教育改革に主体的に参画し、教育者養成の視点から、専門教育中心の学部教育改革が教育研究活動を過度に細分化させ、幅の狭い人材養成となり、時代が要求する新しい学問の発展に対応する弾力性を喪失させる危険性がある。こうした状況から、各大学・学部で教師教育にたずさわっている立場からの学部教育の改革を「教養教育をシフト」する方向への積極的な発言や主体的な参画が必要となるであろう。そのことによって生ずる大学設置基準の大綱化と教育職員免許法および同法施行規則との乖離を克服する学問的理論を構築することが課題であり、教師養成教育を大学教育として位置づける第一歩でもある。かつて勝田守一氏は「危機に立つ教員養成大学」中で次のように述べている。「もっとも重大なのは『教員養成』の大学・学部は、研究の機関ではなく、職業教育機関であると決められると、そこでは研究と教育とが切断され、教育自身が自由な研究にもとづいて行われるのではなく、制度的な規則や制定された内容によって決定されるという傾向が強くなる。そればかりではなく、そこでは、学問研究が稀薄とされるから、『学問の自由』の保障の外に置かれる危険もあろう。[14]」いま、大学設置基準の改正にともなう大学教育改革の進行しているなかで教職課程は、教免法の縛りがあるから枠外におく、あるいは、学部教育のカリキュラムを改編するに際して、教職課程の存在が失念されているというのである。[15] いまこそ、勝田氏の言葉をわれわれは、心に銘記すべきであろう。大学設置基準の改正をはじめとする大学改革は、大学の多様化、個性化、活性化を基調として大学の再編を目標としていることは明らかである。大綱化が進められているいま、「各大学の対応のいかんによっては、とりわけ私立大学等の取り組み方で戦後の教師教育の原則である開放制教師教育の性格そのものを変質させる重要な転機を迎えているといわざるを得ない[16]」との発言には同感である。したがってこの際、教師教育の根本理念に立ち返り、教育者養成の視点から大学教育の改革と教育者養成のあり方についてあらためて議論を深め、教育実践を主軸とした教育者養成のカリキュラムの構築への努力が必要である。

第6節　まとめ――教師養成カリキュラム試案

大学設置基準の改正にともなう大学教育の改革の進行している状況で、戦後教員養成の原則である「教員養成は大学で」の理念を、深く認識し、堅持しつつ、教育者養成カリキュラム編成の試案を提示しておきたい。大学における教育者養成カリキュラムは、一般教養教育と専門教育、さらに教育諸科学の研究成果を有機的、総合的に構成した教職科目によって編成されている。そこで、教職科目のカリキュラム編成を構造化すると次のようになる[17]。まず第一に、教育諸科学の研究成果を可能な限り体系的、有機的に学び、教育者教育の入門的役割を果たす［教育の基礎理論学習］、第二に［教育実践の基礎学習］、第三に［教育実践の実地学習］、第四に［教育実践の理論学習］の四領域の構造となる。このカリキュラムの学習は二年次から始まり、まず［教育の基礎理論学習］、二年次から三年次にかけて［教育実践の基礎学習］、三年次から四年次で［教育実践の実地学習］、最後に四年次で、［教育実践の理論学習］を構想している。各学習領域の教職科目については第2章で触れた通りである。

履修総単位は、二四〜三〇単位程度とする。このなかで［教育の基礎理論学習］は、すべて［共通専門科目］として学部カリキュラムの専門分野の選択必修科目として卒業単位のなかに位置づける。一般教育科目についての基本的な考え方は、「一般教育科目は専門科目を学ぶための基礎」という従来からの発想を転換して、学部、学科の教育では補えない「人間」「社会」「環境」を考える多様な幅広い教養の獲得を目的とする［共通科目］［総合科目］

を創設する。

最後に、大学改革が各大学で進行している現段階における教育者養成のカリキュラム編成の課題として、次の点をあげておきたい。

第一に、新しい世紀を前にして、教育者養成教育は、今後いっそう社会的に求められると考えられる。その養成にこたえるためにも、人間総合科学としての教育学研究の充実と開発が必要である。

第二に、各大学の建学の理想にもとづき専門教育の充実とともに、特色ある教育者養成を構想し、開発していくことに努力する。

第三に、大学設置基準の大綱化と教育職員免許法との乖離のなかで、ややもすると教職課程教育が、学部教育改革の桎梏《しっこく》にならないようにするため、学部教育の改革によって生ずる変更にともなう「課程認定」に対しては積極的に取り組む必要がある。

第四に、大学教育改革の進行過程で教職課程教育の存在が失念されるおそれがあるが、大学における教育者養成の今日的意義を学内に広め、「教員は大学で養成する」という戦後教育改革の理念にもとづきながら、教育者養成は、大学教育総体の教育的営為のなかで行われるという合意を学内に広めていく必要がある。このことは、取りも直さず大学での教育者教育の実践者としてのわれわれ自身の力量が問われているといっても過言ではないであろう。

注

(1) 日本私立大学連盟教育研究問題検討部会「学部教育の改革に関するアンケート調査集約結果報告書」(一九九二年一月)一頁。この調査は新しい大学設置基準が施行された二カ月後一九九一年九月に加盟大学の学長に対して行ったもので九九大学から回答があり、その結果をまとめたものである。

（2）教師教育研究会［B］教育者養成・免許部会「大学設置基準の大綱化の下における教職課程のあり方に関するアンケート」（一九九三年五月実施）、この調査で対象とした大学は、日本教師教育学会の会員のいる大学の教職課程責任者を対象として、国公私立大学一〇三校から回答を得たものである。この中間報告は、日本教育学会第五二回大会（一九九三年八月立教大学で）「大学設置基準大綱化の下における教育者養成に関する総合的調査研究—教職課程のあり方—」（報告者＝柴田義松、木内剛、黒澤英典、宮原修）の報告資料参照。

（3）「新教育職員免許法の下における教員養成カリキュラムに関する総合的調査研究」（一九九一年度科学研究費補助金研究成果報告書）研究代表＝三輪定宣、一九九二年三月、九九〜一一七頁。

（4）日本教育学会第五二回大会（一九九三年八月 立教大学で）「大学設置基準大綱化の下における教育者養成に関する総合的調査研究—大学教員の意識調査に見る教育者養成観—」（発表者＝岩田康之、志村欣一、白井愼、中野光、藤枝静正）発表資料、および日本教師教育学会第三回大会（一九九三年一〇月、法政大学で）課題研究第一提案「新しい時代の教育者に求められる力量」（報告者＝岩田康之）報告資料。

（5）（1）の「調査報告」一〜八頁。

（6）東京大学広報委員会「学内広報」（前期課程教育に関する懇談会報告書特集号）No.887−2、一九九一年三月、一四頁。

（7）（2）の中間報告資料参照。

（8）右島洋介「今、大学改革に求められているもの」（新しい世紀に向けて大学改革と教育者養成）『関西大学教職課程研究センター年報』第七号、関西大学教職課程研究センター、一九九三年三月、四頁。

（9）日本私立大学連盟教育研究問題検討部会「大学教育の刷新をめざして」一九九三年九月、二五〜三〇頁。

（10）右島洋介・山田昇「教師教育研究と日本教育学会」『教育学研究』〈特集日本教育学会五〇年誌〉第五九巻第三号。一九九二年九月、一五七頁。

（11）この「新教育職員免許法に基づく再課程認定に関する意見」は、日本教育学会教育制度研究委員会（委員長＝大田堯）から時の文部大臣の西岡武夫あて一九八九年六月一六日に提出されたものである。

（12）全国教員養成問題連絡会・世話人会代表＝三輪定宣ほか一五名によって「新教育職員免許法施行規則および教員養成課程の課程認定に関する意見」としてまとめられ、文部大臣、教育職員養成審議会等に一九八九年六月一二日に提出されたものである。

（13）全国私立大学教職課程連絡研究協議会・第九次態度表明「大学改革に関する政策と教師教育のあり方」（私立大学の立場から）一九九二年九月、一五頁。

（14）勝田守一「危機に立つ教員養成系大学」『勝田守一著作集』第五巻、国土社、一九七二年、四五三～四五四頁。

（15）鈴木慎一「再課程認定後の教職課程の組織・運営の動向―大学設置基準の大綱化との関連―」『会報』第三四号、関東地区私立大学教職課程研究連絡協議会、一九九二年一二月、一六頁。

（16）渡辺正「大学の再編成と教師教育の課題」『東海私教懇会報』第九号、東海地区私立大学教職課程研究連絡懇談会、一九九三年、七頁。

（17）拙稿「大学における教職専門教育科目構築の理念」『教師教育研究』（全国私立大学教職課程研究連絡協議会年報）第四号、一九九一年、六三～六四頁参照。

第5章　私立大学における教師教育の課題

第1節　現状分析——問題点の指摘

わが国の私立大学は、戦後、いわゆる開放制の教師教育制度のもとで、国公立の一般大学（学部）とともに、初等・中等教育界に多くの教師を送り出してきた。この実績は、私立大学の教師教育において果たす役割が、もはやけっして、国立教育系大学（学部）の単なる補完ではないことを明らかに示している。

しかしながら、戦後の私立大学の教師教育の歴史をふり返ってみると、一九七〇年代に入って、周知のようなさまざまの理由から教職を志望する学生が急増したため、とくに教育実習の実施をめぐって、一般大学とりわけ私立大学の教職課程に、きびしい批判が向けられるようになった。そしてこの批判は、開放制の教師教育制度に対して以前から各界の一部に見られた不信感をいっそう増幅させて、ついには開放制の教師教育制度の理念そのものの否定にも通じかねない改革案を構想する人々まで現れるというまことに残念な状況を生じさせたのであった。これらの批判のなかには、私立大学の開放制の教師教育制度についての無理解ないし誤解にもとづくものや、私立大学の教師教育に対する偏見に起因するものも、たしかに含まれている。しかしながら、われわれ私立大学の教職課程にもまた、きびしく反省すべき多くの問題があったことを、われわれは率直に認めなければならない。

このような現実に直面しながら、私立大学が、教師教育という国民の未来の教養形成にかかわる重要な国民的課題を、将来にわたって積極的に担ってゆくためには、私立大学固有の建学の理想や由来、さらに、教師教育の伝統を異にする諸大学が、個別的・孤立的に弥縫《びほう》策を講ずるのではなく、広く全国的規模で情報を交換し、望ましい教師教育のあり方についての着実な研究成果を踏まえて、互いに啓発しながら、それぞれの私立大学が、自主的に教職課程の充実と改善につとめることが、どうしても必要であった。

この目的のために、私立大学の有志は、一九八〇年五月に、すでに全国八地区（北海道、東北、関東、東海、京都、阪神、中国・四国、九州）にほぼ同様の趣旨で設立されていた、私立大学の教職課程研究連絡協議会を結成したのであった。以来一二カ年にわたる地域的および全国的規模での相互の研究や、文部省をはじめとする教育関連諸機関・諸団体との友好的な協議会の積み重ねによって、私立大学の教職教育の内容や方法の改革に、とりわけ教育実習の事前・事後指導、実習校訪問指導の充実や評価方法の改善などに、予想をこえた大きな実績を、各地においてあげてきている。現在、この協議会には二四九校の私立大学が加入している。

最近の私立大学の教師教育の大きな問題は、一九八八年三月の教育職員免許法・同施行規則の改正による各大学における教職課程の再課程認定であった。さらに、一九九〇年の高等学校社会科の再編による「地理・歴史」「公民」の申請などであった。昨年七月の大学設置基準の改定による大学教育の再編成のなかで私立大学の教師教育をどう位置づけ、子どもと、国民の期待にかなう豊かな人間的魅力と自由な学問的精神を身につけた教師の育成をめざす教職課程の内実の充実に努力している。

第2節　私立大学の免許状取得者と教員就職者

私立大学の卒業者で教員の免許状取得者・教員就職は、どのくらい現実にいるのであろうか。ここでは、文部省がまとめた一九九二年春に大学を卒業した者の『教員免許取得状況』『教員就職状況』によってみると「大学（国公私立）別新規卒業者の免許状取得状況」は表5・1の通りである。文部省のまとめによると、一九七五（昭和五〇）年以降、減少傾向を続けている教員免許状取得者は前年より約五三〇〇人増加し、一五万三千人とほぼ一〇年ぶりに上向きに転じた。だが、免許状取得者の教員就職率は二〇%台に落ち込み、依然、低水準が続いている。とくに表5・1から、中学教員免許状取得状況をみると、国立教員養成大学・学部出身者二六・三%、これに対して私立大学出身者は六一・四%であり、後者は前者の二・三倍で私立大学出身者が多い。同じように高等学校教員免許状取得状況をみると、国立教員養成大学の学部出身者が一九・六%に対して、私立大学出身者は六三・六%で約三・三倍で私立大学出身者の方が多い。次に、実際にどのくらい教員に就職しているかを見ておきたい。

表5・2「大学別等による新規卒業者の教員就職状況」によって、中学校教員就職状況をみると、国立教員養成大学・学部の全体に占める割合は、五三・四%である。これに対して、私立大学は三八・六%である。中学校では、免許状取得者とは逆に、私立大学に対して国立教員養成大学・学部は一・四倍と多くなっている。これを高等学校についてみると、国立教員養成大学・学部は一七・〇%であるのに対して、私立大学は五三・〇%であり、国立教員養成大学・学部より私立大学の方が三・一倍と高くなっている。

こうした結果をみると、私立大学がとくに中等教育学校の教師養成、とりわけ高等学校の教師養成に果たす役割

表5.1　大学別新規卒業者の免許状取得状況

区分			卒業者	免許状取得者実数	小学校			中学校			高校	
					一種	二種	計	一種	二種	計	二種	計
大学	国立	教員養成大学・学部	19,231	18,892	14,064	1,013	15,077	13,840	2,495	16,335	13,882	13,882
		一般	61,298	8,889	33	3	36	5,363	13	5,376	9,422	9,442
	公立		9,332	2,638	377	41	418	2,050	193	2,243	2,453	2,453
	私立		286,586	47,144	4,303	169	4,472	37,496	566	38,062	44,988	44,988
	計		376,447	77,563	18,777	1,226	20,003	58,749	3,267	62,016	70,745	70,745

表5.2　大学別等による新規卒業者の教員就職状況

区分			教員就職者数	小学校	中学校	高等学校
大学	国立	教員養成大学・学部	9,010	5,286	2,383	593
		一般	1,287	73	244	922
	公立		354	89	113	123
	私立		5,753	1,546	1,723	1,848
	計		16,404	6,994	4,463	3,486

の大きさは明らかである。

第3節　教師に求められる力量とは

では、今、どのような力が教師に求められているのであろうか。教師の力量は、教育実践を考えるときもっとも基本的で重要な問題である。二一世紀に向かうこれからの変動の激しい国際社会において、教師の力量とは何か。そして、その力量をどのように形成していくかは、教師教育の重要な今日的課題である。まず、筆者も共同研究者の一人であった「教員養成カリキュラム研究会」が、一九九〇年七月に実施した「新教育職員免許法下の教員養成カリキュラムに関する調査研究」の調査結果を参考に二一世紀に向かって重要と思われる教師の力量について述べておきたい（一九九一年の調査結果は第4章を参照されたい）。

とくに高い比率で指摘されているのは、「豊かな人間認識・人間性や人間理解教育」＝九〇・三（うち「特に重要」としたのは六五・九以下同じ）％、「子どもへの深い理解や子どもの立場・内面に即した教育の能力」＝八〇・五（五三・七）％、「国際性」＝七五・六（四三・一）％、「自ら創造性をもち、子どもの創造力・想像力を育てる能力」＝六九・一（三九・〇）％、「個性の発揮や子どもの個性を育てる能力」＝六七・五（二二・八）％、「教育者としての倫理・使命感」＝六三・四（二六・〇）％、「学問の自由の尊重・学問研究能力や真理真実を探究し教える能力」＝六一・八（三三・三）％であった。

これに対してきわめて指摘の少なかったのは、「学習指導要領に即した実践的指導力」＝一六・二（〇・八）％、「法令順守や校長を中心とする学校のまとまりへの協力」＝八・一（一・六）％、「子どもを管理し、規律を保持する能力」＝四・九（〇・八）％と顕著な対比をみせている。

その中間に、「環境教育」＝五九・三（二一・一）％、「地域認識や地域教育の能力」＝四三・九（一一・四）％、「人権感覚や人権教育の能力＝五六・七（三八・二）％、「主体性や自主性・自治を育てる能力」＝五六・九（二七・六）％となっているが、「特に重要」が「人権感覚・人権教育」と「主体性や自主性・自治」の項で高いことが注目される。「情報化社会への認識や情報処理能力」は、四八・八（一七・九）％あり、「人権」の項と同程度指摘されているが、「特に重要」は「人権」の項ほど高くはない。

このように、さまざまな教師教育をはらんだ地球環境や現代文明のなかで深い人間理解や子どもの創造力・想像力を育てる能力・学問の自由の尊重・学問研究能力などが、さらに人権感覚・人権教育などが二一世紀を拓く教師の力量として求められていることがわかる。

(1) 子どものおかれている状況の理解と自己変革

教師に求められるもっとも基本的な力量は、子どもと共に成長する内的な力である。子どもと共に成長するとは、教師が子どもを通して自己の存在をその根本において問い直し、苦悩しながら新たなる自己へと自らを変革しながら自らを創造していくなかで生まれる。教師のこのような営みを、わたしは教師の主体性と呼びたい。教育実践はこのような主体性が求められる仕事である。教師の子ども理解は固定化しやすく理解し直すということはきわめて困難である。子ども理解を変えるためには、同時に教師自身が変わることが必要になる。それゆえに教師は常に自己の内側から自己を問い、自己存在のあり方を反省的にとらえていかなければならない。

教師自らが自己を疑い自己を変容していこうとする教師の人間としてのあり方が、子どもたちを真に理解し、とらえ直すことができる。わたしの教育実践の体験からいえば、教師にとってもっとも強く要求される力量は、未来に向かって成長していく子どもたちと共に、生きる教師の主体性であり、常に真理、真実に対して自己を変えるという自己変革である。教師の自己変革は、まず自らを理解することが前提である。そして、教師は子どもを理解するときに、子どもの成長・発達について客観的に知ると同時に、一人ひとりの子どもの内面にふれ、子どもの願いを洞察する知識と技術が教師には求められる。こうした教師の力量形成する役割を担うのが、教職専門教育科目である。教師一人ひとりの子どもの内的な成長、発達を客観的に見とどけながら、それが決して固定的、絶対的なものでないことを確認しながら自らもまた自己変革をしていくのである。このような自己変革を通して、教師の主体性はおのずから育つのである。それは、子どもと共に、未来への挑戦である。ここで考えておかなければならないことは、教育実践にたずさわる教師自身、自己に対する厳しさである。教師の自己理解から自己変革へのプロセスは、自己への厳しさ（自己反省）を前提にしなければ成立しない。それはあくまでも、子どもを主体とし、その子どもと共に、未来に向かって成長しなければならない教師の責任でもある。それは「学ぶことは心に誠実を刻むこと、教えることは共に未来を語ること」（ルイ・アラゴン）の言葉に端的に表現されている。

(2)　人間としての感性の豊かさ

教育実践において子どもを理解するためには、先で述べたように教師の主体的な自己理解→自己変革が必要であるが、子どもの内面を理解することを可能にする条件が、子どもと共にあって、一人ひとりの子どもの人間性に、内なる魂に触れることのできる人間としての感性の豊かさである。

子どもを理解するためには、何といっても教師と子どもとの間に「信頼」と「敬愛」のきずなができることが必要である。つまり、「教育する者」と「教育される者」との信頼関係を、ドイツの教育学者ボルノウ（Bollnow,O.F.）は、後者に対する前者の「愛」と「期待」と「忍耐」、前者に対する後者の「感謝」と「従順」と「尊敬」であると述べ、この両者の絆が、人間存在の不可欠な条件であると述べている。[5] この絆こそ、ともにこの世界で直接的関係をもって生きていることを感ずる共存・共感の感情である。この絆にもとづいて、子どもの人間性を感性的・直観的にとらえることなくして、教師は子どもを真に理解することはできない。この信頼関係は「教育愛」(pädagogische Liebe) とも呼べるものである。この共感にもとづいた感性を「教育的センス」という。この教育的センスを欠いた教師は、目的に対して常に直接的な行動に走り、自己の目的を常に子どもにおしつけ、その効果を近視眼的に測定しようとする。そうした教育実践からは、学習者に対するゆとりや自由や個性の尊重などを認めない性急さのみが際立つ。それに対して、教育的センスをもつ教師は、感性の豊かさに導かれる共感にもとづいて、まず、自己の内面に子どもを見いだすことに努める。子どもの個性を尊重し、子どもの願いと教師の願いが重なる部分が多い。こうした教育実践によって、子どもの発達にとってもっとも適した教育指導が保証されるのである。

(3) 豊かな学識と専門的教育技術・技能

教師に求められる力量として、豊かな専門的な学識と専門的技術（専門的理論を実地に応用する技術）、技能（教育実践のなかでどう生かすか）をあげることは当然なことである。

そこで、教師にとって必要な学識と技術・技能とはいかなるものであろうか。それは、単に文化を伝達するところに教育があるのではなく、人類の遺産としての文化を伝達することを通して子どもの学問的芸術的諸能力を高め人間性を培うのである。すなわち教育としての伝達は、単なる知識の注入ではなくて学習者が主体的にその文化を身につけ、それを自己形成過程として内的に結実させ、新しい文化を創造していくことができるようにすることである。こうした意味での文化の伝達者としての教師の専門的な学識と技術・技能にとって必要なことは、まず、教師自身が専門的知識と技術・技能を創造する経験をもつことである。創造する苦しみや喜びの体験がなければ、少なくともその専門的知識と技術・技能の形成過程についての体験を通しての深い認識をもつことが必要である。こうした動向は近年アメリカにおける教師教育の具体的プログラムを導き出すパラダイムのひとつとして、ツァイヒナー（Zeichener, K. M.）の「探究志向的方法」として注目されている。[6] また、教師は教育実践者であると同時に、教育実践の調査研究者の役割も兼ね備えるようにすることが教師教育の課題であるという発言が、すでに一九七〇年代より、イギリスやアメリカそしてオーストラリアなどの研究者からあり、「研究者としての教師」あるいは「探究者としての教師」が教師教育の課題となりつつある。[7] つまり、教師が研究者として学問をし、芸術活動を行うことこそ、教育的伝達を可能にするものである。このことを次の三点から分析的に考えてみたい。

a　子どもの発達に関する一般的知識とそれを知り研究し実践する技術・技能

子どもの成長・発達に関する知識は、学問的知識そのものであるが、教育実践にたずさわる教師にとっては、その知識をもつだけでなく、子どもを理解しその成長・発達について知る方法が必要となる。その成長・発達についての知識は、その知識がどのような研究のプロセスを経て成立してきたのかという、学問形成過程や学問の方法についての知識でなければならない。またそのような知識にするためには、教師自身が「探究者」「研究者」として自ら学問をするということが必要となってくる。さらにその研究の成果を教育実践に還元する技術・技能を身につけなければならない。

b　指導内容についての学問的知識と技術・技能

教育実践者である教師が、伝達する内容について、学問的知識と技術・技能をもっていなければならないということは至極当然のことであるが、しかし、時として教師がこのような知識と技術・技能を必ずしも事前に所有していなくともよいと考えている。教師は子どもと共に学ぶことがあってもよいと考えている。ただ、その学び方は学問的、探究的でなければならないとし、その技能が学習されていく過程について十分な知識をもつ必要がある。

c　学問的内容を教育的内容に転換したり、教育的内容から学問的内容を見通す能力

学問的知識や技術・技能は、そのままの内容では子どもたちに伝達できない。伝達が教育実践になるためには、伝える内容が学習する一人ひとりの子どもの発達段階に応じて、多様に変容されなければならない。また学習指導計画として用意されている内容は、ただそれを理解させ記憶させればよいというものではない。その学習内容を子どもが自ら獲得し、さらに自らそれを批判的に学習しながら、次第により学問的に転換させていくことを見通して伝達することが必要である。前者が学問的内容の教育内容への転換であり、後者が教育内容から学問的内容への見通しである。この内容に関する能力は、一つのものであり、学問的内容と教育内容とを統一する能力である。この能力も、学問形成過程についての認識や体験を通して培うことができると考えている。

教師の力量として必要な学識と専門的技術・技能について、三点述べてきたが、学問や技術・技能を習得するプロセスを通して、そのための方法を確実に身につけておくことが何よりも必要である。したがって、「教師にとっては、その経験によって方法を認識することと、その経験に伴う苦悩や喜びを体験することが、きわめて自ら教育実践をする場合、貴重な体験となる。とりわけ、その間に体験した苦悩は、苦しみながら学習する子どもへの共感の厳選である。[8]」苦しみながら学んだ人こそ教師にもっとも適した態度をもつと考えている。

(4)「新しい知識人」として子どもの未来に対する責任の自覚

人類の歴史において激動と混迷の言葉を必要としない時代はかつてなかったというべきだが、二〇世紀末の今日の地球社会の現実は、過去のいかなる時代にもまして、もっとも深刻な激動と混迷の真只中にあることを痛感させるものである。とくに、科学技術の開発は驚くべく進み、科学技術の開発において人間による制御がどこまで可能

であるのか、人間の主体性と良心の世界をどこまで留保しうるのか、われわれはこれらにかかわる予見力をほとんどもちえないでいる。そしてまた、地球社会のさまざまの領域にみられる破壊と混迷は、その深刻さのゆえに、われわれ一人ひとりが人間としてどう生きるべきか、家庭においても、学校においても、社会においてもわれわれが次の世代に何を期待できるか予見しにくくさせている。こうした現代社会において、次の世代の育成に尽くす教師に対する国民に期待は大きい。それゆえ、大学における教師教育の意義は、二一世紀に向かうこれからの社会において、ますます重要になることが予想される。すなわち、人間・人類の危機をはらんだ現代文明・社会の動向、学術の急速、多彩かつ学際的な発展、世界各地における人権・民主主義の確立、情報化や国際化・地球社会時代の到来など、時代の転換期にあって、次代を担う子どもの成長・発達に責任をもつ教師には、狭い専門的技術的知識にとどまらず、広く深い人間的・学問的教養がその根幹の力量として不可欠である。こうした現状認識にもとづいて、現代社会における教師の役割は重要である。そこで、現代社会における教師を「新しい知識人」と規定したい。知識人（intellectuals）は一般に知的労働に携わる人々を総括する社会層をいうが、ここではあえて「新しい知識人」と呼びたい。教師は未来社会を担う子どもに単に「科学の成果」や「文化遺産」を伝達するだけでなく、その伝達によって、子どもが、未来社会の可能性と共に生きながら、自ら未来を拓く力と感情と意志とを育てる仕事を負わされている。つまり「教師の専門性はこのような未来への知的関心という知識人の本質に子どもの成長・発達に責任を持つという媒介項を通して参加しているのである。[9]」ここで教師は「子どもの未来に責任を持つ」という意味において、「新しい知識人」と定義したい。教師は「子どもの未来に責任を持ち得る」専門的知識、技術、技能と未来を洞察する感性の鋭さ、豊かさがその力量として求められるのである。

第4節　私立大学における教師教育の課題

すでにみてきたように、私立大学における教師教育は、中等学校教師に関して量的にも重要な役割を果たしてきた。そのうえ、私立大学出身の教師が存在することは教育界の活性化に役立ち、多様な大学出身教員のいることが教育の画一化を排し教育の質の向上になると考えられる。

わが国の私立大学の歴史は、欧米に比べてきわめて浅く、戦後に創設された新制大学がその大多数を占めている。これらの大学は、設立の時代背景、発展経過を異にするが、それぞれの大学には創立者の独自の理想にもとづいた建学の精神がある。いまこそ私立大学は、大学設置基準の改定のなかで、私学制度の原点に立ち戻って、大学の再生をはかるための真剣な議論が必要となる。この建学の理想をいかに現代へ具体化するか、さらに未来社会の創造にかかわるか十分に学内で合意を得る必要があろう。こうした状況のなかで私立大学における教師教育も再創造していかなければ、国民の期待にこたえることはできない。そこで端的に私立大学における教師教育の課題をあげると次の通りである。

① 大学が、大学の自治・学問の自由を根幹にして、子ども・父母・国民の付託に応え、教職科目の内容の変革・充実を一層主体的に行う。

② 今後各大学が、実験的・創造的で独自な特色のある教師教育カリキュラムを工夫し、国民、とりわけ子どもの人権保障に応えうる教職科目の内実を構築する。

③ 各大学が建学の理想と伝統にもとづいた、子ども・国民の要求に応えうる教師教育の構築。

④　国の「教師の資質」観、「能力」観の画一化に対して、人間性豊かな個性的で主体的な教師の養成を可能にする教職科目の内実の研究開発。

特に③が私立大学の特質である。ある大学の例を示してまとめとしたい。「創設以来（一九二二年）、官学中心の教育体制に私学独自の理想と教育方針を貫いてきた。この長年にわたって培われた学風と建学の理想をふまえ、ひとりひとりの子ども・青年のいのちにふれ、父母・国民の願いや期待にこたえ、社会の発展に貢献しうる学識の深い、人間性豊かな教師の育成を目指す。」私立大学にあっては独自の建学の精神、教授構成、学風・伝統、教授と学生の全体から醸し出される雰囲気等の教育環境において独自性をもち、価値的にみて容易に他と代替しない学問上の傾向をもっている。こうした学風を生かした教師教育の内実を構築することが望まれる。

第6章　転換期における青年の未来選択と教師教育
——全私教協一五年の歩みを視座に据えて

第1節　転換期の地球社会と子ども・青年の教師教育をめぐる状況

わたくしたちは数年後に二一世紀を迎える。二〇世紀の終わりは、一世紀百年というきざみではなく、千年という大きな区切りになる。わたくしたちは、それと波長を同じくするくらいの大きな転換期にさしかかっている。とりわけ、この一〇〇年間、とくに第二次世界大戦を終えた一九四五年以降の科学技術の発達が、大量の核兵器や化学兵器を生み出し、間違いなくそれだけで人類絶滅の可能性を内包している。

地球社会の秩序もまた強いインパクトを受けて、政治・経済・教育・道徳・家庭や個人の基盤が激しく動揺している。つまり心と身体両面にわたるテクノロジーの管轄圏が急速に拡大強化されていくなかで、人間の生き方、死に方までが「人工化」され、われわれの仕事の「質」と「心」のもち方が、改変されようとしている。こうした混迷のなかで、新しい「秩序」と「知」のパラダイムが求められている。

こうした現実のなかで、日本における「子ども・青年」のおかれている状況をみると「不登校」、「いじめ」、「自殺」、そして能力の一元化による選別と差別のなかにおかれ、子ども・青年の人間的成長・発達が著しく危機にさらされている。

今こそ、一人ひとりの子ども・青年の内面に秘められている「人間らしく生きたい」という願いをしっかり受けとめ、未来社会を生きる希望と勇気と力を育み、子どもたちの人間としての権利を尊重し、人間的成長・発達を促す教師が求められている。そうした教師を育てるにはどうしたらよいのか、平素大学で教師教育を実践している立場から率直な意見を述べてみたい。

戦後五〇年の教師教育をふり返ってみると、そこには常に開放制教師養成制度の否定の方向がみられる。この点で、全国私立大学教職課程研究連絡協議会（以下、全私教協）の一五年の活動は意義深いものである。この「全私教協」が創設されていなかったならば、私立大学における教師養成はどうなっていたか、考えるだけでも背筋が寒くなる思いである。一五年前に、この「全私教協」創設に努力された方々の英知と勇断に敬意を表したい。今後、どうこの「全私教協」の実践の蓄積を継承し発展させるか、われわれのこれからのあり方にかかっている。

さて、教師を希望する学生の意識と、歴史的転換期のなかで新しい時代を拓く教師としての内実の豊かさを保障する教職課程のあり方を考えてみたい。

第2節　青年の未来選択と教職課程教育 ― 履修学生の意識動向を中心に

まず、ここでは教職課程履修学生の意識動向を探ってみたい。本年度（一九九五年）四月、第一時限に行った調査であるが、わたくしの担当する「教育原論」二クラスの受講者は二二六名であった。わたくしの大学では教職課程の履修は二年次に行っているが、経済・人文学部の二年生の二四・三％が受講している。

この調査は二つの質問からなっている。一つは「なぜ、教職課程を履修するのですか」、もう一つは「あなたが理想とする教師はどのような教師ですか」である。

「教職課程を履修する理由について」をみると次のようである。

(1)　私が教職課程を勉強しようと思った理由は、私が今まで受けてきた幼稚園から高校までの日本の教育はどういうものだったかを知りたいことです。もう一つは、自分が将来父親になったとき、子どもにどういう教育をすればよいのか、そもそも教育とは何なのかを知りたいためです。（経済・男子）

(2)　私は小・中・高そして大学と学校に通い、様々な教育を受け、沢山の先生方に出会ってきた。この先生方がいったいどういう教育を受けて教職についているのだろうか、ということに深い関心があったからです。いい先生もいれば嫌な先生もいる。どうしてこのような差が生じるのか、先生の仕事は子どもの未来を決めるのです。だから、先生の養成の仕方および、今、日本に生活する人、これから生まれてくる人が受けるであろう日本の教育について、もっと知りたいのです。（社会・女子）

(3)　私は自分の未来の選択の一つとして教員という仕事、子どもと共に生き育つということに小学生の頃から興味を持っていました。私は人間の心理や成長・発達について関心があり、そうした関係の本を読んだり話を聞いてきました。そうしているうちに教育について学んでみたい、人間の可能性について知ってみたいと思います。（日本文化・女子）

(4)　教師になろうと思ったのは、中学一年のときの女の先生との出会いです。現在の私の人格形成においても、この先生との出会いが基礎になっていると思います。中学生くらいの年代の子どもに与える教師の力は大きいと思います。ある意味で恐ろしいことですが、人間と人間とが真正面で向きあっているこの教師という仕事は、とても輝いてみえるのです。（欧米文化・女子）

(5) 私は教職をとっても、教壇に立とうという熱意はないのです。先週と今週の先生の講義を聴いて、何だか涙が止まりませんでした。（中略）私は中学時代ずっと登校拒否児で、東京シューレに通い「学校なんか行かなくてもやっていけるよ」という渦のなかにいました。私は今の日本の教育や学校の在り方について深く知りたいと思います。（日本文化・女子）

(6) 私は日本の社会や地球社会の未来を考えるにあたり、その運命を決定づける最も重要な事業は教育であると思います。近い将来、地球規模の諸問題が必ず発生すると思われます。今こそ、より充実した地球社会の未来について考える教育が必要であると思い、その助けになることができたらと思い教職を志望しました。（経済・男子）

(7) 私は教職の授業が、一限や四限に多いのですが、他の必修科目の授業より真剣に耳を傾けてしまえるのは、やはり自分の中に何か教師というものを特別なもの、自分の未来をかけるものとして、とらえる心があるからだと思います。（欧米文化・女子）

次に「あなたが理想とする教師はどのような教師ですか」の質問に対する学生の考えをみると次のようである。

(1) 私は、中・高とすごく先生に恵まれた環境だったので、理想とする先生に沢山出会うことができました。まず、学校行事に燃える先生、体育祭や文化祭を率先して生徒より楽しんでやっていました。普段は教壇を通して、勉強の面でしか生徒をみられませんが、そういう行事の時は、勉強の面ではあまり目立たない子でも、自分の好きな行事の時は、その才能を発揮します。そういう時に一緒に活動しているとその生徒のことがよくわかるようになるのだと思います。卒業する時のサイン帳には私のいいところわるいところが書いてあって「ここを自信をもって、色々な人に分けてあげるように」と書いてあったことには感激しました。このような先生のように生徒の一人ひとりの個性をきちんとつかんでいる教師になりたいと思います。（社会・女子）

(2)　私が今まで会った先生の中で心から素晴らしいといえる方は二人います。一人は小学校三年の時の担任の先生です。もう一人は高校の時の生物の先生です。前者の小三の時の先生は、怒るときは怒る、ほめるときにからだ全体でほめる先生でした。そして空き時間はいつも遊んでくれ、毎日一人ひとりの子どもに便りを書いてくれる先生で、毎日毎日子どもたちに向きあってくれた先生でした。高校の先生は、自分の経験や考えなどを必ず授業の前に話してくれました。いま思うと、この先生も私たちと向きあって正面から人生の在り方を話してくれた。（欧米文化・女子）

(3)　先生と共に考え、生徒と共に学ぶ友達のような教師になりたいと思う。高校三年の時の教育実習の先生はやはり年齢も比較的近いということもあって、先生の言うことがよくわかり、とても好感がもてて、話しやすい先生でした。年齢はとっていても、常に精神的に生徒に近いというか、生徒と同じ視線で考え話してくれる先生は、やはり私の理想の教師です。（社会・女子）

(4)　授業の内容がよいとかそういうことには関係なく、何か生徒の心を引きつける先生がいた。ではこの先生は一体どんな魅力があったのだろうか。中学二年の時の担任の先生は、この「何か」を持っていた先生の一人だ。放課後のホームルームで話すちょっとした雑談が私にはすごく新鮮で、知識のある人、教養のある人だからという理由ではなく、いい先生だなと思わせるものがあった。教師らしくない教師というのが私の理想で、授業の内容がすばらしいのは勿論当然のこととして、それ以外の先生の発するちょっとした言葉がどんな威力を持っているのかということを考えると、やはり授業のすばらしさ以外の「何か」を持った教師になりたいと思う。（欧米文化・女子）

(5)　自分の世界をもち自分のペースで淡々と授業を進める教師、そしてしっかりした専門知識を与えられる教師、自分の哲学を持った教師を目指したい。理想の教師といっても私の心に浮ぶのは予備校の教師である。教えることにロマンを持って常に生徒に接する教師になりたい。（社会・男子）

一般大学で教職課程を履修しようとする学生の、教職という仕事についての意識動向をみて、常に思うことであるが、いくつかの特徴を読みとることができる。

学生たちが過去の小・中・高校、そしてなかには予備校で出会った教師を理想として努力しているものが大半である。なかには、教師にはならないが、自分の受けてきた日本の教育の実態を知りたいために教職課程を履修したいという学生もいる。

いずれにしても、大学で教師養成に携わっているわれわれは、これらの学生の未来選択にこたえうるものとして、より充実した教育研究を展開し、実践する責任がある。大学生活において教師に魅力を感じ、教師にふさわしい人間になるための勉強をしっかりして、自ら教職を選択し、教職の専門性を身につけようとしている青年に、私立大学教職課程教育がどのようにこたえていけばよいのか、今日の大学改革のなかでわれわれにとって、中心的課題である。戦後五〇年の経験と全私教協一五年の蓄積された英知によって、教師を志す青年への高度な教職専門性の構築が期待されるのである。

第3節　二一世紀に向かって求められる教師の資質・力量

新しい世紀を数年後にひかえて、われわれは今、歴史的に転換期社会のなかで生きている。国際的にも、国内的にも政治も経済も文化も深刻な激動と混迷を現している。とりわけ、現代の日本社会に目をやると「いじめ」「不登校」「自殺」などにあらわれた教育の問題に対しての教師のあり方、取り組み方などを通して、今、教師の力量が問われ、ひいては教員養成に直接かかわっているわれわれ自身の教育観・教職課程教育実践観がするどく問われていることを痛感する。

高度経済成長以後、われわれは経済的な豊かさと引き換えに、教育の場における豊かさを喪失してきた。そのつけが、今、子ども・青年の人間的成長・発達をゆがめ「いじめ」「不登校」などのさまざまな教育実践上の問題を引き起こしているのである。

このような状況のなかで、現実の子どもや青年の人間的成長・発達の危機を克服して、新しい時代を拓いていく教師が、子ども・青年からも、またそれにも増して父母たち、国民全体から希求されている。総合的に、この歴史的転換期社会における教育者に求められる力量を検討すると、一部繰り返しになるが、次のように規定できるのではないだろうか（詳細な分析は、第4章を参照されたい）。

まず第一に「幅広い確かな教養に裏づけられた豊かな人間性」である。第二に「一人ひとりの子どもの内面に秘められている無限の可能性を見いだして育て、子どもと共に自らも成長しようとする奥深い人間理解能力」ではないだろうか。第三に「常に子どもの生存と発達を権利として保障しようとする鋭い人権感覚をもつこと」、第四には「教育者は探究者として、学問の自由の尊重のもとに真理・真実を探究し、それを教える学問的能力をもつこと」、第五に「地球社会時代の到来の時代思潮のなかで、人類の共存・共生を人間のあり方の原理として、時代を拓く新しい知識人としての自覚を深めること」、さらに最後に戦後五〇年の歴史認識に立って、過去の歴史の深い認識と深い反省を自らも内面に深く刻むと同時に、次の世代の心に刻む（erinnerung）という歴史的認識と深い自覚が求められると考えている。

それでは、こうした新しい世紀を拓くために求められる教育者の力量を培う大学の教育者養成は、どのように改革されなければならないのであろうか、次に考えてみたい。

第4節　大学改革における教職課程教育の課題

戦後の教師教育改革の基本理念の一つに「教員の養成は大学で行う」という原則が、確立されていた。しかし、この原則は各大学が、日本国憲法、教育基本法、学校教育法などの精神とともに各大学の建学の理想を掲げ、大学の自治、学問の自由とその成果をもとに、大学における教師教育に関する実践や研究の蓄積にもとづき、国民に大学が責任を負う立場で、大学の全教育活動を通して教員養成が行われることを意味している。

こうした意味から、大学改革のなかで、各大学が教職課程教育を新しい世紀を拓く国民のニーズに応える教師教育を構築していくことが、今求められているといえる。

このように各大学の教育改革の動向のなかで教育者養成のカリキュラム編成を考えるとき、法的には、教育職員免許法施行規則第二二条二項の規定があるが、戦後の教員養成の基本理念である「大学における教員養成」の内実の変更にかかわる契機を含んでおり、多様化される大学教育のなかで、教師の資格基準や実質的な教師の力量形成をどのように考え保障してゆくのか再検討が迫られている。まさに現在、教育者養成のこうした状況の内実が問われているのである。そこでわたくしは、教育者養成カリキュラム編成の理念として教育職員免許法改正の折に表明された二つの意見書に、大学教育改革のもとでの教育者養成カリキュラムの再構築の理念を求めたい。つまり、第一は日本教育学会教育制度研究委員会の意見書である。第二は全国教員養成問題連絡会の意見書である（第4章を参照されたい）。

大学における教職科目、教科専門科目の質がなによりも問題である。こうした科目の授業内容（シラバス）の比較研究、授業改善への努力、教職課程担当者自身、教育実践者としての自覚をして自ら模範授業の実践も必要である。そして、教師を志す青年たちにとって魅力ある「知」の創造の場としての教職科目の創造が必要であろう。さらに、専修免許状を与える大学院教育における教職課程教育との関係である。つまり、現在の免許法からいえば、教職に関する科目を履修することなしに専修免許状が取得できるということの問題点、また学内における教職課程の位置づけであるが、教育学関係の研究者による「大学教育実践研究センター」として、大学内における高等教育のあり方を専門の立場から研究する機関として今後検討する余地があるのではなかろうか。

第5節　青年の未来選択としての教師への道

一般大学への入学者のなかにも、入学前から教職への志をもち、迷いながらも教職を選択して社会的に貢献しようという強い意志をもつ優秀な青年が少なからず存在し、教師としての専門的力量形成に努力している。

しかし、一九九〇年以降、急速に子どもの出生率の低下にともなう児童・生徒数の減少による教員採用人員の激減は、教職に魅力を感じ、教師になることを切望して努力してきた多くの青年たちに失望観を与えている。そして、教師になることを希望している多くの優秀な学生の教職離れの傾向が著しくなってきている。

ちなみに、東京都の一九九五（平成七）年度の教員採用候補者選考実施結果をみると、もっとも激しいのは高等学校では、「国語」で三〇八倍、次に「地理歴史」の二九六倍、「数学」一八四倍、「公民」一七五倍、「保体（男子）」一五二倍である。逆に少ないのは、「工業（デザイン系）」の三・〇倍、「商業」七・三倍、「農業（園芸系）」二〇・〇倍、「家庭」一四・五倍、「英語」一七・三倍などである。高校の一次受験者に対する平均合格倍率は、三五・五倍である。

中学校をみると、「社会」二〇四・〇倍、「国語」一七七・〇倍、「保体（女子）」四八・〇倍、「家庭」二六・七倍、「音楽」二一・一倍などで、平均して一七・六倍である。さらに、小学校は六・七倍である。養護学校小学部四・六倍、中・高等部二〇・一倍、幼稚園は五三・六倍、養護教員六・八倍であった。

極端に学生の教師への道は、かたく閉ざされていっているといっても過言ではない。この状態は今後どのように推移するのであろうか。「東京都における教員需要に関する試算」（榊原禎宏氏、山梨大学）によると、まず小学校教員については、教員総数の一％の比率で採用が継続されるならば、それ以上の採用が見込めるのは、二〇〇五（平成一七）年度となる。同じく、一・五％ならば二〇〇六年度、二・〇％なら二〇〇八年度、二・五％ならば、二〇〇九年度あたりからと考えられる。あるいはより厳しい予想をして、〇・五％規模の採用（およそ一二〇〜一三〇人）に留まるとすれば、二〇〇四年以降、それ以上の採用が期待できることになる。東京都の一九九五（平成七）年、一九九六（平成八）年の採用率からみると、必要教員を確保するための積極的な採用へのターニング・ポイントになる都市は、二〇〇三〜〇四（平成一五〜一六）年になると試算している。

中学校教員についてみると、小学校の場合と比べておよそ三年遅れる。つまり、積極的な採用へ向かうターニング・ポイントは二〇〇七〜〇八（平成一九〜二〇）年ということになる。

さらに、高校教員の場合もおおむね中学校の場合と同様で、中学校に比べてターニング・ポイントは二〇一〇（平成二二）年ということになる。さらに、中・高校の場合は教科単位の採用のため、教科ごとの採用状況の違いが影響すると考えられる。また、生徒の私立中・高校の進学の状況によっても影響を受けると考えられる。

こうした動向は、地域や時期によって差はあるが全国的傾向であると考えてよい。少なくともここ一〇年ほどは青年の教師への道は非常に厳しい状態である。この事態をどのように考えるのか、つまり、子ども数の減少が教員需要の減少傾向という事実である。そこから教員養成数の縮小という構図である、教育系大学・学部・課程の廃止・改組・統合という政策が国公私立大学とも進められている。ここで、われわれは「児童・生徒数の減少＝教員数の減少」という構造を当然として受け入れない考え方に立つ必要がある。というのは今日の日本の教育の現場に目を向けると、「いじめ」「不登校」「中途退学」「自殺」等々、明らかに教師の日々の教育指導の限界を超えるような非常に困難な問題が続出し、教育の病理現象が、深刻な社会問題となっている。

一方では、すでに述べたように、新規教員の採用人数が激減しているその結果、学校教育の現場では、教員の年齢構成がアンバランスになり、学校運営・学級経営のうえで大きな支障をきたしている。とくに二〇代の青年教師がいないということは、中・高校生に最も近い感性の持ち主が学校・学級運営にかかわっていないということであり、現在の子どもたちの立場からの物の見方・考え方が十分にとらえきれないということである。東京都の公立学校の教員の平均年齢は、四七歳である。つまり、親の立場の発想であり、子どもたちとの共感的信頼関係をそこに見いだすことは困難になると考えられる。

教員の需要減は直接的には人口動態の変動、児童・生徒数の減少見込みにもとづくが、その減少量や時期は地域によって必ずしも一様でない。また、児童・生徒数は、教員の需要数を規定する重要なファクターではあるが、一つの条件にすぎない。ここでもっとも大切なことは、教育研究の基本的視点から、わが国の教育現実の改善をどうするか、ということから、この問題を考えるべきであろう。教員数を規定する要因は、学級規模、学校規模、教職員の定数についての基準、一週間の教員の担当時間数および教員の研修のための条件整備などから規定すべきである。これらのわが国の教育の基礎的諸条件は、小・中・高校ともに、学校のサイズが大きく、教員一人当たりの児童・生徒数も多く、国際比較ではかなり遅れている。また、教職の専門性からみて、教員の配置状況には問題が多い。たとえば、臨時教員数の増加（愛知県では一九九四年の調査によれば一〇・三％）、教育職員免許法改正以来、教職の専門性を強調する一方、臨時免許状の授与件数は増加しており、また公立学校の教科外担当許可件数も多い。少子化の今こそ、教育の質の向上に向かう好機であり、子どもの変化に対応した行き届いた教育を実施するために「教員定数見直し」の絶好のチャンスではなかろうか。

朝日新聞読者欄『声』（一九九五年八月二日）には、「豊かな今こそ教育に投資を」が掲載され、次のように述べている。「学校は児童減で教師の就職が困難を極め、教室も沢山余っているそうである。それならば、豊かになったといわれる今、なんとか学級児童数を減らして頂けないだろうか。不景気などの難問はあろうが、国家百年の計は教育にある。問題噴出の全国の学校と、そこで苦しむ子どもと教師が救われるのなら、決して高い買物ではないはずだ。（中略）今は、一学級四〇人位だが、それでも人間性をゆがめる数であることは確かで、世界に例のない過密さである。まじめで繊細な若い教師たちが、悩み苦しんで辞めていくのがわかる。学校は苦悩し、おちこぼし、非行、いじめがはびこる。教育に予算を回して、格段に少数の定員を実現してほしい。もしも二〇人学級ならば、子どもの個性は尊重され、未来を託す創造性が花開くだろう。」全く同感である。

次に、教員の選考・採用の問題について、今後の改革課題について考えてみたい。まず、教員の選考・採用の情報公開の意義と問題点である。選考基準の枠組みの作成公開および結果の公開などを含めて、文部省、都道府県教育委員会は、「教員選考法」「教員選考条令」などの規定を制定して、「教員の選考にかかわる委員会」をつくり、その構成メンバーとして、学識経験者、父母の代表、一般の社会人、および教育委員会代表者等によるとする。(この委員会は「地域教師教育機構」の一組織として構成することもできる。)この委員会では、新採用教員の一定数確保、教員の選考・採用等に関する諸問題の検討機関としての機能を果たすものとする。こうすることによって少なくとも青年たちが、自己の未来選択として教師への道を選び、そして採用試験への挑戦が、新しい時代を拓く子どもたちの教育に生涯を尽くそうとする青年の人間的力量を高め、学識を深める。そして、教員の選考・採用が、すぐれた青年を教職に招き、教育実践の質を高める積極的な機能へと転換することを期待したい。

第6節　希望としての教師教育

いま、われわれは他のいかなる時代にもまして深刻な激動と混迷の歴史的転換期にいることを痛感させられている。とりわけ、わが国の学校教育の現実は「いじめ」「不登校」「自殺」など、子どもたちの人間的成長・発達の危機をあらわにしている。しかし、教師の仕事は子どもたちをさまざまな現実の困難な状況を克服させて、豊かな人間主体に育て、同時に教師自身も、たえず豊かな人間主体に自らを変革していく営みであると考えている。さらに、教師の仕事は、子どもたちと共に新しい時代を拓き、未来を担う主権者にまで高めていく使命がある。

七十数年前、旧制武蔵高等学校の創設の教頭で、後に校長になった山本良吉は『若い教師へ』の巻頭の辞で「教育は職人の仕事でもなければ、実習室の仕事でもない。わが社会をいかに改良すべきかは、現時ただ教師の真摯な苦心に待たねばならぬ」と述べている。つまり、教師は人間を変えることを通して社会を変える。人間が歴史の変革主体となって、未来を切り拓いていくという認識がある。この認識をさらに発展させた思潮が『学習権宣言』であると考えている。学習権とは、ひらたく言えば「学ぶこと」は、「自分自身の世界を読みとり、歴史をつづる権利であり（中略）、もしわたくしたちが戦争を避けようとするなら、平和に生きることを学び、お互いに理解し合うことを学ばねばならない。（中略）学ぶことなくしては、人間的発達はあり得ない。（中略）学ぶことは単なる経済発展の手段ではない。それは基本的権利の一つとしてとらえられなければならない。学ぶことはあらゆる教育活動の中心に位置づけられ、人々をなりゆきまかせの客体から、自らの歴史をつくる主体に変えてゆくものである。（下略）」と述べている。歴史的転換期における教師の使命は、「学ぶ」ことを通して時代を変革し、時代を拓き、歴史を創造する主体に変革していくことである。

生涯教育を提唱したポール・ラングラン（Lengrand, P.）は、「生涯にわたって学ぶことのルーツはフランス国民のナチズムに対するレジスタンスであった」と述べ、真の「学び」の意味は、不正義に対する戦いであるとして、「学びの復権」を提起している。さらに、ラングランと同様に第二次世界大戦中、ナチス占領下のフランスで抵抗運動に参加したルイ・アラゴン（Aragon, L.）は、ナチス侵攻の苦難にみちた状況を歌った「ストラスブール大学の歌」のなかで「学ぶことは心に誠実を刻むこと、教えることは共に希望を語ること」と「学び」の復権と「教えること」の意味を「学ぶ者と共に希望を創造する」ことであると謳っている。

このアラゴンの詩は、多くの教育実践者の心の支えとして、また教師教育の基本的理念であると考えている。激しく変動する転換期社会のなかで、新しい世紀を創造していくことは、たんに高い政治的イデオロギーを直接的に掲げることや訴えかけることだけではない。それは教育実践の場において、教師一人ひとりが、そこで専門家としての力量を発揮し、子ども・青年たちを教え、彼らを変革していくと同時に自らも自己変革していくことが大切である。そうした教育実践によって、教師は、深い意味での未来社会を拓き担う子ども・青年への希望と信頼とに生きるようになるであろう。

教師教育は「学び」の復権を通して、「人権の尊重に寄与し、復権の擁護と民主主義と平和の文化の建設に積極的に参加し、（中略）児童・生徒・学生・成人が人間同士互いに尊敬しあい、平和、人権、民主主義を促進しようとする人格の発達に寄与する（下略）」（ユネスコ第四四回国際教育会議・宣言、一九九四年）ことによって、未来社会に対して新たな「希望」を創造する役割を担っていると確信している。

付記

本稿は、全私教協第一五回研究大会基調提案に加筆したものである。そのため、参考文献、資料等を逐次示すことを省略したが、次の文献・調査報告など参考にした。

(1)『新教育職員免許法下の教育者養成カリキュラムに関する総合的調査研究』（一九九一年度科研費報告書）研究代表、三輪定宣、一九九三年三月。

(2)『大学設置基準の大綱化の下における教育者養成教育に関する総合的調査研究』（一九九三年度科研費報告書）研究代表、長尾十三二、一九九四年三月。

(3) 拙稿「大学改革の下での教育者養成カリキュラム編成」『日本教師教育学会年報』第三号、一九九四年三月。

(4)「教員需要の動向と課題」東京地区教育実習研究連絡協議会・関東地区私立大学教職課程研究連絡協議会合同シンポジウム（一

九九五年一二月一六日）榊原禎宏氏報告資料

(5) ポール・ラングラン、波多野完治訳『生涯教育入門』全国社会教育連合会、一九六九年

(6) 山本良吉『若い教師へ』教育研究会、一九二二年（著者山本良吉は金沢専門学校時代、西田幾多郎、鈴木大拙と無二の親友であった）。

(7) 『学習権宣言』（一九八五年三月二九日、第四回ユネスコ国際成人教育会議）

(8) ルイ・アラゴン、大島博光編訳『フランスの起床ラッパ』三一書房、一九五一年。

第7章　介護等体験特例法と今後の教員養成の課題

第1節　問題提起

教育職員免許法の改正問題に取り組んでいるさなかの一九九七（平成九）年六月一一日に、小中学校教諭の普通免許状を取得しようとする者に障害者や高齢者の「介護等体験」を義務づける「小学校及び中学校の教諭の普通免許状授与に係わる教育職員免許法の特例等に関する法律」（以下、介護等体験特例法）が、参議院本会議で全会一致で可決成立した。これによって、一九九八（平成一〇）年度の大学・短期大学入学者から、小中学校教員免許を取得するためには、七日間の「介護等体験」が必要となった。この法案は超党派による議員立法として提出されたものであるが、中心になったのは自民党の「教員資格取得志望者の教育実習に関する小委員会」であった。

本章では、「介護等体験特例法」の概要と東京都教育委員会、東京都社会福祉協議会および、盲・ろう・養護学校等の受入れ側の実施にともなう見解・意見等を検討しつつ、東京地区教育実習研究連絡協議会（以下、東実協）の介護等体験への取組み、さらに実施にともなう今後の課題について述べておきたい。(1)

第2節　介護等体験の特例法の目的および成立経緯

1　介護等体験特例法の目的

介護等体験の義務づけとなる根拠法は、介護等体験特例法である。その目的は、同法第一条に次のように規定している。「義務教育に従事する教員が個人の尊厳及び社会連帯の理念に関する認識を深めることの重要性にかんがみ、教員としての資質の向上を図り、義務教育の一層の充実を期する観点から、小学校又は中学校の教諭の普通免許状の授与を受けようとする者に、障害者、高齢者等に対する介護、介助、これらの者との交流等の体験を行わせる措置を講ずるため、小学校及び中学校の教諭の普通免許状の授与について教育職員免許法（昭和二四年法律第一四七号）の特例等を定めるものとする。」

具体的には、小中学校教員免許取得志望者は、「一八歳以上」になってから「七日以上」の期間、盲・ろう・養護学校や社会福祉施設で介護等体験が義務づけられている（同法第二条）。「介護等の体験に関する証明書」については、介護等体験特例法施行規則（第四条）で「小学校又は中学校の教諭の普通免許状の授与を受けようとする者は、教育職員免許法第五条第六項に規定する授与権者に申請するにあたっては、介護等の体験を行った学校又は施設の長が発行する介護等の体験に関する証明書を提出するものとする。」さらに、「学校又は施設の長は、小中学校の普通免許状の授与を受けようとする者から請求があったときは、その者の介護等の体験に関する証明書を発行しなければならない」と規定している。そして、教員免許取得の申請の際は、介護等体験証明書を都道府県教育委員会に提出しなければならない。

さらに、実施にあたって国、都道府県、養護学校および社会福祉施設、さらに大学等の関係者の責務として、次の三点を規定している（特例法第三条）。

(1)　国、地方公共団体及びその他の関係機関は、介護等の体験が適切に行われるようにするために必要な措置を講ずるよう努めるものとする。

(2)　盲・ろう・養護学校並びに社会福祉施設、その他の施設で文部大臣が厚生大臣と協議して定めるものの設置者は、介護等の体験に関し必要な協力を行うよう努めるものとする。

(3)　大学及び文部大臣の指定する教員養成機関は、その学生又は生徒が介護等の体験を円滑に行うことができるよう適切な配慮をするものとする。

都道府県教育委員会は、小中学校教員採用にあたり志願者の「介護等の体験を勘案するよう努めるものとする」（特例法第四条）と規定して、義務づけている。

2　介護等体験特例法の成立の経緯

この法案は、自民、新進、民主、社民、太陽、さきがけの超党派による議員立法で提出されたものであるが、その中心になったのは自民党の「教員資格取得志望者の教育実習に関する小委員会」（田中真紀子座長）であった。田中真紀子衆議院議員は、父親（故田中元首相）の介護の経験から発案したものであった。田中議員は法律案提案理由の概要を、衆議院文教委員会で次のように説明している。

「現在、我が国は総人口のおよそ一五%を六五歳以上の高齢者が占め、二〇二五年には二五%を超えると予想されています。このことは、日常的に介護を必要とするお年寄りが確実に増えていくことを意味するものと申さなければなりません。また、このような加齢に伴うもの以外にも、心身に障害を持ち、日常生活を送るうえでケアを受ける必要のある方々も少なくありません。私は、こうした障害者やお年寄りに対する様々な援助の活動を大変重要に思うものでありますが、同時にこのような活動を通じての体験と心の交流が、人の心の痛みを理解し、人間一人一人が違った能力や個性を有しているという事実に目を開かせる上で、大変に有効なことと考えます。そして、誰よりもなお、このようなことを必要としているのは、我が国の将来を担う義務教育段階の子ども達に接する教員の方々であると考えます。こうしたことを踏まえ、私は、この高齢化・少子化の時代に、将来を見据えた教員の資質向上の一環として、また、長い目で見て日本人の心にやさしさを甦らせることに繋がるものとして、いじめ問題など困難な問題を抱える教育の現場で、これから活躍される方々が、高齢者や障害者に対する介護等の体験を自らの原体験として持ち、また、そうした体験を教育の現場に活かしていくことによって、人の心の痛みがわかる人づくり、各人の価値観の相違を認められる心を持った人づくりの現実に資することを期待しております。(中略)真に人にやさしい社会を構築していく上での基礎の一つともなり得るものと確信いたします。」

第3節　東京地区教育実習研究連絡協議会の主な取組み

この「介護等体験特例法」の「義務教育に従事する教員が個人の尊厳及び社会の連帯性の理念に関する認識を深めること」に対して異論を唱えるものは確かにいないであろうが、十分な準備なしに実施していくうえで、多くの困難な問題を孕んでいた。とりわけ、一九九八(平成一一)年度入学生から実施することになっているため、実施に向けて、東京都教育委員会、東京都社会福祉協議会および東京都立養護学校等と早急に協議していかなければならなかった。しかし、現実には大学側の実施に向けての呼びかけに対して、免許状授与権者である東京都教育委員会は、文部省の指示まちであり、十分な検討なしにこの制度が発足したといわざるをえない。東京地区教育実習研究連絡協議会（以下、東実協）の介護等体験特例法に対する主な取組みは、次の通りである。

(1)　一九九七年度第一回東京都教員の資質向上協議会（七月二五日）の席上で、大学側は介護等体験特例法の問題点、とりわけ、大学での養成段階への義務づけ、および実施上の問題点の指摘をした。それに対して、「受入れ側」の東京都立心身障害教育学校長会長岩谷満佐男氏（都立中野養護学校）から、数年前からこの問題を検討してきた校長会としての「介護等体験特例法に伴う意見書」[2]が提出された。受入れを前提として、

①　同法の目的からして「教員免許取得者すべてに介護体験が必要である」という認識を強く表明している。

②　体験内容としては、生活訓練、夏季プール、夏祭り、運動会、学芸的行事等が参加しやすい。

③　介護体験証明は、内容・期間・時間を明記する基準が必要である。

④　諸経費は、受益者負担を原則として保険等は所属大学が、教育実習と同様に東京都教育委員会と協定をして行う。

以上のような意見書が提出された。その席上、東実協は、東京都教育委員会に具体的な受入れ体制および介護等体験実施要綱の作成のための準備委員会の設置を要望した。その後、東実協は八月下旬、九月下旬、一〇月初めに東京都教育委員会に対して介護等体験実施準備委員会の創設を求めたが、文部省の通達がないのでまだできないとのことであった。そこで、東実協は大学側独自に介護等体験を実施する場合の具体的な問題点を検討した。

(2) 介護等体験特例法案成立にともなう東京都社会福祉協議会の見解

この介護等体験特例法の一九九八年度実施に向かって検討している状況のなかで、東京都社会福祉協議会老人福祉部会長は、「教員免許特例法案成立に伴う介護等体験の受入れについて」という見解を、一九九七（平成九）年八月一九日東京都高齢者施策推進室長に提出した。(3)

この見解は、社会福祉施設の現状から介護等体験特例法の実施に向かっての問題点を、明確に示しているので、ここで検討しておきたい。この見解は二つの部分からなっている。一つは「福祉の実習や体験等の受入れ全般に対する見解」であり、他は今回の「教員免許特例法案成立に伴う介護等体験の受入れについての見解」である。

その一、「福祉の実習・体験等に対する全般的見解（要点）」

① 施設長は、これらの依頼には公的施設の責務として、後進の育成、社会啓蒙のため、受入れ体制が整備されたうえで、積極的に協力すべきと考えている。

② 毎年膨大な数の実習生や体験希望者を受け入れている。しかしながら、例えば特別老人ホームにおいては、昭和三八年の職員配置基準制定後現在に至るまで、受入れ担当者の配置など受入れ体制が全く整備されていない。

③ このため、実習生や体験希望者等の実習や見学には、本来利用者処遇に当たるべき寮母、看護婦、生活指導員等直接処遇職員が対応せざるを得ない状況である。その分ホームの利用者に対する処遇やサービス提供という、職員が本来的に専念しなければならない業務が空白になっているのが現状である。利用者側から見れば、自分達が本来受けるべきサービスが受けられない。大きく言えば「生存権の侵害」を起こしている現状に、改めて注意をしなければならない。

④　利用者にとってホームは、家庭と同様に大切な居住の場であり、プライベートな生活の場所である。見学者や体験希望者が居室に頻繁に入ることは、利用者の生活を守るためにも、出来るだけ避けるべきだと考えている。

⑤　受入れ体制の整備については、受入れのための専任職員の配置が必須である。実習及びボランティア指導のためのコーディネーターを各施設に配置することを東京都に要望したい。

以上の見解を見れば理解できるように、職員の配置なしには利用者の人権や生活権の侵害となり、まして受け入れた実習生や体験等希望者に対する効果的な指導・助言が不可能になることを指摘している。

その二、「教員免許特例法案成立に伴う介護等体験の受入れについての見解（要点）」

①　実習生や体験希望者等の受入れは、受入れ体制の整備が、全く為されていないまま、現在においても膨大な数にのぼり、限界に達している。

②　全国で毎年八万人余、東京都で一万五千人余という膨大な数の介護等の体験者を福祉施設等で受け入れることが決定した。介護等特例法第三条の規定にある、国、地方公共団体が、「介護等の体験が適切に行われるようにするため必要な措置」として、受入れ施設等にどのような体制整備が為されるのか、注目している。

③　施設では、年々重度の痴呆や介護を要する利用者が増大し、現在の職員配置でしかも時短という条件下で、これ以上実習生の受入れは、入居者の人権侵害となり、受け入れることは不可能としか言えない。

以上により、介護等体験の実施に際し、是非とも平成一〇年度より、実習や体験等の受入れのための専任職員の配置の実施を要望する。

④　受入れの全体的調整を各都道府県社会福祉協議会が行うとなっているが、都道府県社会福祉協議会に対して

もコーディネーター体制の確立のための必要な措置を要望する。

この見解によれば、現状では、介護等体験を受け入れることは入居者の人権侵害となり不可能であると明言している。そのために、早急に国、地方公共団体は、受入れ施設等の体制整備をすることを強く要望している。

(3) 一九九七年度第二回東京都教員の資質向上協議会(一一月二六日)では、介護等体験の具体的実施について基本的問題を検討した。介護等体験の受入れについて東京都立心身障害教育学校長会から、この制度に対する基本的な姿勢として「障害児についての理解啓発を図るよう、体験内容等を意図的に工夫し展開する」との発言の後に、次の二つの提案があった。

第一は、「介護等体験特例法の施行にあたって[4]」である。その内容は、要点を示すと、次の通りである。

① 新制度に対する基本的な姿勢

② 介護等体験の申込みと取り纏め・実施システム、連絡協議会、担当嘱託員の配置等・実施要綱、介護等体験の手引き等の作成、各学校との密接な連携及び実施内容に関する柔軟な対応。希望者の調整

③ 介護等体験希望者に対する事前のオリエンテーション・事前指導の基本的な内容~障害児教育のねらい・多様な障害児童生徒の様子と関わり方・教育活動の概要・人権上の配慮事項と実施上の諸注意事項・その他

第二は、「各学校における介護等体験の受入れについて[5]」。

この会議には、社会福祉関係者が参加していないので、東実協は早急に社会福祉関係者および短期大学等の教員養成機関の代表者に介護等体験の実施にかかわる協議会を設置することを提案した。

(4) 一九九七年一二月六日立教大学、東実協・関私教協共催のシンポジウム「教育実習と介護等体験をめぐる諸問題」参加者一二三名、司会:次山信男氏(東京学芸大)、小澤滋子氏(女子栄養大)、提言者:中学校の立場から:

一色真史氏（三鷹市立第二中学校）、養護学校の立場から：田中則行氏（東京都立青鳥養護学校）、教育行政の立場から：天井勝海氏（東京都教育庁指導部）、大学の立場から：米田俊彦氏（東京女子大）から、四週間教育実習と介護等体験をめぐる基本的諸問題について活発な討論が行われた。(6)

(5)　一九九七年一二月二四日都庁において「養護学校等における介護等体験の受入れ」について、大学・養護学校・都教委の三者で検討会を持ち、二日間の養護学校での介護等体験の内容方法等のあり方について検討した。

(6)　一九九七年一二月二六日、東京都社会福祉協議会で総務部長、施設部長に会い、社会福祉施設における介護等体験の受入れについて具体的に検討する。そこでの問題点は、①都内における施設の確保の問題、②受入れ施設における条件整備に係わる経費の問題、③介護等体験を受けようとする学生の負担金の問題（一日当たり一五〇〇～二〇〇〇円を社会福祉協議会では考えているとの発言があった）などであった。

(7)　「第一回介護等体験の受入れに係わる情報交換会」（一九九八年一月二六日）が、都教委主催で開かれた。出席機関は、受入れ側は盲・ろう・養護学校および東京都社会福祉協議会、東京都福祉局、大学側（大学・短大・専門学校）、そして、東京都教育委員会側は学務部・指導部・人事部であった。この会議では、新年度から実施する介護等体験について具体的な検討がはじめて行われた。

(8)　「第二回東京都介護等体験の受入れに係わる情報交換会」（三月一〇日）、養護学校等での二日間の介護等体験の受入れについての「東京都盲・ろう・養護学校介護等体験取扱要綱」(7)（以下、要綱）について検討する。

要綱は、全一九条から構成されている。主な内容は次の通りである。目的（第一条）、介護等体験実施の要件（第二条）、介護等体験の実施登録（第三条）、介護等体験生の受入基準（一校当たり年間受入人数は、概ね三〇〇名以内）（第四条）、介護等体験生の体験資格（第五条）、実施登録手続（東京都教育委員会が行う）（第六条）、受入校の決定手続

（第七条）、受入校の調整（東京都教育委員会が行う）（第八条）、介護等体験生の派遣手続（第一〇条）、介護等体験の辞退等の届出（第一一条）、介護等体験の指導（大学等は、介護等体験のための担当者を置き、介護等体験生の実施前指導及び介護等体験校との連絡等に当たらねばならない）（第一二条）、介護等体験生の責務（介護等体験校の指導に誠実に従わなければならない。体験により知り得た児童・生徒に関する情報等を漏らしてはならない）（第一三条）、介護等体験受入決定の取消し等（第一五条）、介護等体験証明書（証明書は再発行しない）（第一六条）からなっている。

東京都盲ろう養護学校での介護等体験の受入れの手続き及び調整は、東京都教育委員会で行うことを、第二回情報交換会で確認した。

(9) 「第三回東京都介護等体験の受入れに係わる情報交換」（三月二〇日）、東京都社会福祉協議会の「東京都における教員免許法の特例による社会福祉施設介護等体験事業（派遣学校用）実施要項（案）」（以下、要項）の検討をした。[8] 要点は、次の通りである。

① 東京都の場合対象学生が極端に多いため、帰省先のある学生は、原則として帰省先で実施するよう指導する。

② 社会福祉施設での介護等体験は五日間を原則とする。

③ 学生の責務として、介護等体験において知り得た、社会福祉施設利用者のプライバシーに関する情報については決して他人に漏らしてはならない。

④ 学生は、社会福祉施設は利用者にとって「生活の場」、「就労及び学生訓練の場」であることを十分に理解し、利用者の尊厳を傷つけることのないよう特別の注意をはらうこと。

⑤ 介護等体験事業に要する費用は、受益者負担として学生から実費（一人一日二〇〇〇円）を徴収する（この点については、大学側と激しい議論のやりとりがあった）。

⑥　受入れの社会福祉施設と学生の調整ならびに受入れの決定は、東京都社会福祉協議会で行う。

この会議でとくに問題となった事項は、⑤の費用の件で大学側から徴収費用の額の大きさやその用途について、および介護等体験の趣旨から考えて、費用負担には問題があるとの異議が述べられた。これに対して社会福祉協議会側から、介護等体験特例法（第三条）による国、地方公共団体が「介護等の体験が適切に行われるようにするための必要な措置」を実施しない現状のもとでは、入居者の生活権を脅かし人権侵害にもなるので施設等の体制整備のために、受益者負担として費用の徴収はやむをえない、との発言があった。

⑽　「平成一〇年度介護等体験実施についての説明会」（一九九八年三月三〇日）

東京都教育委員会は都内の国公私立大学等の教員養成機関に対して、「平成一〇年度の介護等体験の実施要綱（要項）等についての説明会」を開催した。

主な内容は次の通りである。

①　平成一〇年度東京都公立盲・ろう・養護学校における介護等体験実施方針

・平成一〇年度の介護等体験生の受入れ基準は、概ね一校当たり七〇名程度とする。

・平成一〇年度の介護等体験の受入れ対象学生は、短期大学・教員養成機関の学生及び科目等履修生とする。

平成一〇年度は、大学は実施しない。

・介護等体験生の派遣開始時期は七月以降とする。

②　教育職員免許法の特例による社会福祉施設等の体験事業実施要項について

・本事業の対象学生――都内に所在する大学・短期大学及び教員養成機関に所属する学生で、小中学校の教諭の普通免許状取得希望者とする。帰省先を有する学生については、原則として学生の帰省先で実施するよう指導すること。その場合の窓口は、各都道府県社会福祉協議会が行うものとする。

・社会福祉施設での介護等体験の期間――五日を原則とする。一日概ね五〜六時間を原則。

・介護等体験の具体的内容――施設利用者の介護・介助、交流（話し相手）、学習活動の支援、行事・バザー・サークル活動等の手伝い、掃除・洗濯等の作業の手伝い、ボランティアとともに行う活動への参加等。

・学生の責務――施設利用者のプライバシーに関する情報については決して他に漏らさない。また社会福祉施設は利用者にとって生活の場、就労及び生活訓練の場であることを十分に理解し、利用者の尊厳を傷つけることのないよう格段の注意を心掛ける。大学等においては、この点について特に注意して指導してほしい。

・介護等体験の実施に必要な費用は、学生負担とし、学生一人当たり一日二〇〇〇円を考えている。

・東京都社会福祉協議会は、社会福祉施設と大学との調整及び受入れの決定、学生の介護等体験の変更・取り消し・証明書の発行・事故の補償等行う。

以上の諸点について詳細に規定している。実施年度（平成一〇年四月一日）直前に、東京都教育委員会は、このように辛うじて実施説明会を行うことができた。しかし、介護等体験の実施にともなう具体的問題が、解決されたわけではなかった。

第4節　介護等体験の実施上の問題点

この介護等体験特例法に対する東実協の主な取組みについて述べてきたが、あまりにも実施手続きが性急すぎ、短期日で実施しなければならなかったため、多くの未解決の問題を残して、介護等体験特例法は一九九八（平成一〇）年四月から施行された。ここでは、受入れ側（社会福祉施設、養護学校及び教育委員会等）と大学側のもつ問題点について述べておきたい。

(1)　受入れ側の問題点として次の問題があげられる。

①　東京都における介護等体験を希望する学生総数約一万五〇〇〇名の受入れ先の体験施設の確保。

②　都道府県社会福祉協議会および盲・ろう・養護学校と大学との協力連携のあり方。

③　都道府県社会福祉協議会での全国レベルでの広域的な調整の必要（対象学生の範囲、体験費用、体験時期等）。

④　社会福祉施設および盲・ろう・養護学校の体験学生指導のための人的物的条件整備。

⑤　養護学校・社会福祉施設等利用者の人権・生存権侵害等の問題。

⑥　大学等に向けたオリエンテーションの内容方法の問題。

(2)　大学等の問題点として次のようなことが考えられる。

①　介護等体験の教職課程カリキュラム上の内容的位置づけ、とりわけ教免法との整合性をどのように考えるか。

②　介護等体験が、教員を志す学生にとって、教員としての力量・資質形成にどのような影響を与えるか（教育の原点・人間教育学の基礎となりうるか）。

③　介護等体験実施学年・時期および教育実習とのかかわりの問題。

④　介護等体験の単位化・評価等の問題。

⑤　介護等体験についての大学における事前・事後指導および訪問指導のあり方について。

⑥　教職課程担当者とりわけ事務担当者の負担増（都内の大学の場合、学生の出身道府県の社会福祉協議会との煩雑な事務手続きなど）。

⑦　教員免許取得希望学生の経済的負担増となる（教員免許取得者にとって介護体験は必須条件であるのだから、当然のことながら国は、介護等体験実施に当たって予算措置を講ずべきであるが、体験一日当たり一五〇〇～二〇〇〇円の費用の算定について十分な検討なしに決定した）。

⑧　中央教育審議会答申などで中高一貫制教育が提唱されているのに、従来から中高教員免許状は一貫していたが、介護等体験はそうした動向に逆行する。

⑨　教員養成を主としない一般大学においては授業に支障を来すおそれがある。

この介護等体験特例法は、法の公布から施行まで準備期間のないままに実施されたため、多くの問題を孕んでいることはすでに述べた通りである。東実協は「第三回東京都介護等体験の受入れに係わる情報交換会」（一九八八年三月二〇日）の席上で、確認事項として次の三点を提案し承認された。第一は、養護学校等、社会福祉施設での介護等体験について、それぞれの機関と大学側と協議して実施要綱を作成し、実施に当たって東京都教育委員会が統括する（この確認事項にもとづいて「介護等体験実施東京都連絡研究協議会設置要綱」が、一九九八（平成一〇）年七月一〇日に制定された）[10]。第二は、介護等体験実施初年度（平成一〇）は、東京都においては、原則として四年制大学は介護等体験は実施しない（しかし、短期大学等及び科目等履修生は行う）。第三は、東京都教育委員会は、介護等体験の実施上の問題点について、今後、三者による協議会で継続的に検討し、改善していく。

以上が、東実協の介護等体験特例法に対する一年間の取組みの報告と問題点の指摘である。

第5節　おわりに

この介護等体験特例法は、すでに述べたようにあまりにも唐突に準備期間もなく実施することになったが、新しい世紀を目前にして現代社会のあらゆる分野において価値観の転換が求められている。とりわけ、学校教育の現実に目を向ければ、経済的な効率のみを求める能力主義的な競争社会にあって、人間の本当の価値とは何かが、問われている。盲・ろう・養護学校、社会福祉施設での介護等体験を原体験として、生あるものの尊さ、共に生きることの意味、そして社会的弱者に対する人権意識を高め、ノーマライゼイションの思想を深め、さらに他者との共感的受容的な人間理解を深める自己変革の契機に、この介護等体験が、教員を志す学生にどのような影響を与えるか、議論を喚起する必要があろう。

そして、この制度の廃止を含めて、広く批判的検討を積み重ねていくなかで、二一世紀社会を拓き担う教師の力量形成・資質とは何か、さらに、大学における教員養成教育としての介護等体験の教育的意義等について、今後総合的調査研究が必要であろう。[11] そうした努力によって、新たな教師像の創造への一歩が始まるのであろう。

注

（1）東実協＝東京地区教育実習研究連絡協議会、加盟校六九大学、創立は一九八〇年。都内にある国公私立六九校が加盟し、大学の自主性にもとづき、開放制免許制度のもとで、教育実習の充実および改善のために必要な共同研究、情報交換、連絡協議等を行うことを目的とする。

（2）岩谷満佐男（東京都立心身障害教育学校長会会長）「介護等体験特例法に伴う意見」一九九七年七月二五日、一九九七年度第一回東京都教員の資質向上協議会検討資料。

（3）鮎川英男（社会福祉法人東京都社会福祉協議会老人福祉部会長）「教員免許特例法案成立に伴う介護等体験の受入れについて」であるが、この文章は①「福祉の実習や体験等の受入れ」全般に対する見解と②今回の「教員免許特例法案成立に伴う介護等体験の受入れ」についての見解、である。この二つの見解は、「受入れ施設の体制整備がなされないと、施設入居者の生存権の侵害及び人権侵害となるので学生の受入れは不可能としか申せません」と、東京都高齢者施策推進室中島元彦室長宛てに社会福祉施設の現状を伝えている。（一九九七年八月一九日付）。

（4）東京都立心身障害教育学校長会「介護等体験特例法の施行にあたって」一九九七年度第二回東京都教員の資質向上協議会検討資料（一九九七年一一月二六日）。

（5）東京都立心身障害教育学校長会「各学校における介護等体験の受け入れについて」一九九七年度東京都教員の資質向上協議会検討資料（一九九七年一一月二六日）。

（6）東京地区教育実習研究連絡協議会『会報』No.27（一九九八年三月三一日）全文掲載、三〜二五頁。

（7）東京都立心身障害教育学校長会「東京都盲・ろう・養護学校介護等体験取扱要綱」（全一九条）（一九九八年三月一〇日）。

（8）社会福祉法人：東京都社会福祉協議会「東京都における教員免許法の特例による社会福祉施設介護等体験事業（派遣学校用）実施要項」（一九九八年三月二〇日）検討資料。

（9）東京都教育委員会は、都内にある国公私立大学・短期大学等に対して、「平成一〇年度の介護等体験実施方針について」の説明会を実施した（一九九八年三月三〇日）。

（10）この確認事項にもとづいて、「介護等体験実施東京都連絡協議会」が、一九九八年（平成一〇）年七月一〇日設置された。協議会の構成員は派遣側（大学等）、受入側（社会福祉協議会、心身障害教育学校長会等）および東京都教育委員会の三者である。『東実協事務局だより（第一号）』（一九九八年八月一日参照）。

（11）介護等体験の教育的意義の総合的調査研究として、現在「教育実習及び介護等体験の教育的意義と内容方法に関する総合的調査研究」（科学研究費補助金・基礎研究〔C－1〕一九九八〜一九九九年度、課題番号〔一〇六一〇二七八〕研究代表者黒澤英典）として進行中である。

第8章　二一世紀に向かっての教師養成の基本的課題

―一九八八年および一九九八年の教育職員免許法改正の問題点

第1節　問題提起

新しい世紀を目前に控えて、地球社会（globe soceity）は大きな転換期を迎えている。それは、情報技術（IT）革命の急速な進展で高度情報社会が到来し、先進国ではインターネットを中心にした情報ネットワークが爆発的に普及しはじめている。

こうした高度情報社会では、社会基盤が根底から覆され、情報の氾濫のなかで、いま自分自身がどこにいるのか、どこに向かうのかがわからなくなってしまいつつある。まさに、日本人全体がアイデンティティクライシス（自己認識の危機・自己喪失）に陥りつつある。

こうした状況のなかで、人間の復権こそが、求められている。とりわけ、人間形成に直接かかわる教育のあり方が問われている。ふり返ってみれば、一九六〇年代以後の日本社会は、高度経済成長政策の名のもとに、徹底した経済優先政策を追求した結果、人間のあり方、さらに学校・家庭・地域社会のありようにさまざまな矛盾を露呈した。その一端が、今日の「いじめ」「不登校」「学級崩壊」などの学校における教育指導の困難な状況として顕在化している。こうした状況の克服の方途として問題となるのが、教師の力量・資質の問題である。とりわけ大学における教師の養成の問題である。教育改革即教員養成改革に尽きるといっても過言ではない。

本章は、戦後教育改革の基本的原則である「開放制教員養成制度」の理念を生かした教育職員免許法（以下、教免法）が一九四九（昭和二四）年に制定された。今回および前回（一九八八年）の改正は、教免法成立以来の大きな改正であった。

そこで、新しい世紀を目前にした二つの教免法改正の趣旨とその動向を明らかにし、新しい世紀に向けての教員養成のあり方を制度的側面から比較検討しようとするものである。

検討資料は、筆者も共同研究者として参加した次の三つの科学研究費補助金による調査報告書を比較検討したものである。

第一は『教育職員免許法改正に伴う各大学の対応状況とその問題点』[1]（一九八九年実施）、第二は、『新教育職員免許法の下における教員養成カリキュラムに関する調査』[2]（一九九一年実施）、第三は『新教育職員免許法下の教員養成カリキュラム編成に関する調査』[3]（一九九九年実施）である。これらの調査報告の検討を通して、新しい世紀を拓き担う教師の力量形成および教員養成の実践的課題を明確にすることを意図するものである。

第2節　一九八八年の教免法改正の経緯と動向および問題点

1　教免法改正の経緯

戦後の教育改革の進展のなかで制定された教免法は、新たな構想に立ち、徹底した免許主義・大学における養成、さらに開放制免許主義という原則を選択した。

この開放制免許制度は、一定の条件を満たした者すべてに教師としての資格取得を開放するという原則である。それは、戦前の制度に認められた学校差、あるいは恣意を一切排除したもので、戦前の師範学校における教員養成および免許制度の考え方を根底から覆した画期的なものであった。その原則のもとで制定された免許法は、一九四九年の公布・施行以来、半世紀の歴史をもっている。この間、十数回の法改正が行われた。その主要なものは、まず(1)一九五三年の改正で、当初の完全な開放制から、教師養成課程は文部大臣が定める基礎条件を満たす必要があるとする課程認定制度へ移行した。ついで(2)一九五四年の改正では、校長・教育長・指導主事の免許状と仮免許状が廃止され、高等学校一級普通免許状取得の所要資格について大学院・専攻科における履修が必要になった。教諭・養護教諭の免許状上進については経験年数によって履修すべき単位数が軽減され、二級普通免許状所有者は在職年数（一五年）を基礎条件として一級普通免許状を取得することができるとされた。そして大学における最低履修単位数が変更された。(3)一九六八年、免許状授与権者が都道府県教育委員会に一元化され、(4)一九七三年には小学校教員等の資格認定試験制度が導入され、一般教育科目の最低履修単位数および単位修得方法に関する規定が削除された。以上の経過をみると明らかな通り、一九五四年の改正後は、免許状の種類・免許基準という免許制度の根幹に触れる改正は行われておらず、教免法の基本的理念と性格は引き継がれている。

そうした意味において、前回（一九八八年）の教免法の改正は、臨時教育審議会「答申」と教育職員養成審議会（以下、教養審）「答申」にもとづくものであった。その意味では、それらは戦後三十数年間、政策側が一貫して懸案としてきた諸問題を一気に「解決」しようとするものといえる。

2 教育職員免許法改正の意図と目的

以上のように、この三十数年来の政策側の改革提案は、開放制教師教育制度をいかに形骸化するかという点で一貫していた。当然ながら、そこには一般大学とりわけ私立大学が教師教育に果たしてきた役割、および、大学における教師教育の充実と改善のために取り組んできた努力を積極的に評価しようとする視点は皆無であった。そうした改革提案の問題性について、わたしたちは、すでに免許法改正の背後には「開放制教師教育の理念と原則」の発展にとって障害ともいえる政策が含まれているように思われる。以下、その意図と目的について言及しておきたい。

戦後民主教育を見直し、教育の新たな国家統制への道をたどりはじめた一九五〇年代以降の教育政策のなかで、教師教育政策も次第に国家主義的色彩を強めてくる。その具体的契機となったものは、一九五八年の中央教育審議会（以下、中教審）答申であった。それに続く経済主義的教育政策のなかで、後期中等教育の多様化を中心とした学校制度再編が進められた。それと対応して、教師の管理体制が強化され、教育系大学・学部の目的養成大学化を中軸とする教員養成制度再編成が構想された。

しかし、一九七〇年代には、経済主義的教育政策とりわけ後期中等教育多様化政策の破綻が明らかとなり、綻びを高等教育段階で繕う姿勢が顕著となった。それを方向づけたのが一九七一年の中教審答申であった。その重点施策は高等教育の多様化にあり、五種の高等教育機関を提唱していたことは記憶に新しい。もちろん、それは後期中等教育段階以下の教育の多様化を含めて構想されており、依然としてハイタレントの早期発見とその育成が中心的な狙いであった。その内実は六〇年代以降の教育政策の延長であり、その集大成であった。教師教育政策もそうした教育政策のなかに位置づけられ、行政研修の強化とともに教師養成・免許制度の目的養成化と閉鎖制への制度改編が急がれた。しかし、この間、オイルショックによって変更を余儀なくされた高等教育政策は、青年の多くを私立大学部門に委ね、教職課程履修希望者の増大とともに所謂「ペーパーティーチャー問題」を派生するに至った。

しかし、そのことが目的養成を閉鎖制へ「改革」する理由とされ、また、教育政策によってもたらされたはずの「いじめ」「不登校」「校内暴力」「家庭内暴力」「青少年の非行」などの「教育の荒廃」も、当の教育政策自体の自己批判不在のまま学校教師に責任が転嫁され、さらには教師の養成を行う大学にまで攻撃の矛先が向けられたのである。

第3節　一九九八年の教免法改正の経緯の動向と問題点

今回の教免法の改正の発端は、第一五期中央教育審議会が「二一世紀を展望した我が国の教育の在り方について(第一次答申)」(一九九六年七月一九日)の提出に始まる。これに連動して、奥田文部大臣から教養審に「新しい時代に向けた教員養成の改善方途について」(一九九六年七月二九日)諮問がなされた。これに対して、教養審は、第一次答申(一九九七年七月二八日)を提出した。そして、教免法の改正は一九九八年六月一〇日に、教育職員免許法施行規則は同年六月二五日に成立した。

前回の改正による大学における教員養成カリキュラムを履修して、学校教育の現場に出た教員は、一九九四年四月の新年度からである。ここで問題なのは、二一世紀に向けての教員養成はわが国にとって大きな課題であるにもかかわらず、前回の大きな教員養成改革の成果の検証なしに、各大学においては、新たに構築された教員養成カリキュラムの実践の最中の今回の教免法の改正であった。

今回の教免法改正の趣意は、第一は二〇世期末の歴史的転換期社会の急激な変貌である。つまり過去に経験したことのない早さで襲ってくる「国際化」「情報化」「高学歴化」「高齢化」「少子化」の怒濤に、どう学校教育は対応したらよいのか。第二は一向に収束を見ない「いじめ」「不登校」「学級崩壊」などの教育現場における教育荒廃の現実である。しかし、どうみても今回の教免法の改正は、本質的な新しい世紀を展望した教員養成制度の改革とはいえない。付け焼き刃的な改正であり、大学における教員養成の混乱を来したといわざるをえない。次に改正の概要を示すと次のようである。

1　教養審第一次答申の概要

教養審は、文部大臣の諮問に応えて「新たな時代に向けた教員養成の改善方策について」（一九九七年七月二八日）に第一次答申を提出した。大学での教員養成の改善点は、次のような項目であった。(4)

(1)　ねらい

使命感、得意分野、個性を持ち、教育現場の課題に適切に対応できる、力量のある教員の養成。

(2)　教員養成カリキュラムの大幅な弾力化

大学が、教員養成に対する社会的要請をふまえ、主体的にカリキュラム編成を工夫できるよう、教員養成カリキュラムに選択履修方式を導入するなど、弾力化を行う。

(3)　教職に関する科目の格段の充実

専門分野の学問的知識よりも、教え方や子どもとのふれあいを重視し、教員として学校教育活動の遂行に直接資する「教職に関する科目」を充実（中学校一種免許状の場合一九単位→三一単位）。教授方法としては体験や演習を重視する。

①「教職への志向と一体感の形成に関する科目」（二単位）を新設。省令上は「教職の意義等に関する科目」との名称で規定

②「総合演習」（二単位）を新設

③中学校の「教育実習」を充実（二週間→四週間）

④「生徒指導、教育相談及び進路指導に関する科目」を充実（小学校・中学校・高等学校二単位→四単位、教育相談にはカウンセリングを含める。）

⑤教科教育法の充実（中学校二単位程度→八単位程度、高等学校二単位程度→四単位程度）

⑥子どもとのふれあい、福祉、ボランティア等体験に係る科目の奨励（義務教育諸学校の教員免許取得者に対する介護等体験の義務化）

⑦「外国語コミュニケーション」「情報機器の操作」を必修化（各二単位）

(4)「教職又は教科に関する科目」グループを新設して選択の幅を拡充

現行では四〇単位以上の履修が必要であった「教科に関する科目」の単位数が、改正されて二〇単位以上でよくなり、残りの単位は「教職又は教科に関する科目」として学生の選択に任せることにし、得意分野をもった教員養

成をすることを文部省としては意図している。

⑸　免許基礎科目の拡充

現行では、「憲法」と「体育」が指定されているが、これに「情報機器の操作」「外国語コミュニケーション」の二科目が追加された。

2　教育職員免許法の概要と問題点

すでに述べた通りの教養審の第一次答申にもとづいて、教免法は国会で審議され、一九九八年六月四日に可決成立した。そして、同年六月一〇日に「教育職員免許法の一部を改正する法律（法律第九六号）」は、公布され、七月一日から施行された。さらに、教育職員免許法施行規則の一部を改正する省令（文部省令第二八号）が、一九九八年六月二五日に公布された。次に、この法律の内容の概要についてみると、次のようである。

第一に、普通免許状の授与基準に関し、大学の養成教育において、考え方や子どもたちとのふれあいを重視し、教科指導、生徒指導、教育実習等の「教職に関する科目」の単位数の充実を図るものである。併せて、得意分野と個性をもつ教員を養成するため、一種免許状及び二種免許状に係る教職課程に新たに選択履修方式を導入するものである。

第二は、社会人の学校教育への活用を一層促進するため、特別免許状制度及び特別非常勤講師制度を小学校並びに盲学校、ろう学校及び養護学校のすべての教科に拡大するとともに、特別免許状の有効期間の下限を延長し、特別非常勤講師については許可制から届出制へと改めるものである。

第三は、いじめ、登校拒否、薬物乱用、性の逸脱行動等の問題に適切に対応するため、三年以上の教職経験を有する現職の養護教諭が、保健の授業を担任する教諭又は講師となることを可能とするものである。

第四は、盲学校、ろう学校および養護学校の各部において、知的障害者である幼児・児童生徒に特殊の教科以外の教科の指導を行う場合、盲学校等の普通免許状に加え小学校等のいずれかの学校の普通免許状を有していれば、部および教科の種類にかかわらず全教科の指導を可能とするものである。

第五は、一種免許状授与の基礎資格に、大学に三年以上在学し大学院への入学が認められた場合を含めることとするものである。

第六は、学位授与機構の認定に係る短期大学専攻科において、一種免許状の授与を受けるための単位修得を可能とするものである。

最後に、この法律は平成一〇年七月一日から施行されることになった。

大学等における教職課程カリキュラム編成にかかわる法的基準は、教免法施行規則第六条である。

同法施行規則の問題点は、次の通りである。(1)教職専門科目の科目および必修単位の増加（一九→三一単位へ）、(2)教科専門科目の単位減（四〇→二〇単位へ）、(3)教育実習の増加（中学校三→五単位へ）、(4)新設科目「教職入門」「教職演習」等であるが、とりわけ中学校における「教育実習」の「四週間」問題は、実施上大きな問題を孕んでいた。

第4節　一九八八年の教免法改正に対する大学教員の対応

教免法が一九四九年に成立以後最大の改正に臨んでいる各大学は、その対応に苦慮した。とりわけ私立大学は、全国私立大学教職課程研究連絡協議会（以下、全私教協）および関東地区私立大学教職課程研究連絡協議会（以下、関私教協）を中心にして、「開放制免許制度の理念の堅持及び創造的発展」を掲げ、大学における教員養成のあり方について、組織を挙げて検討した。

関私教協では、「教免法改正特別検討委員会」を設置して教免法改正問題に対処した。とくに、この委員会は教免法施行規則（省令）の改正に対して、文部大臣・教養審会長等に対して、次のような要望書を検討し作成した。

「教職専門科目等に関する省令に就いての要望書」[5]（案）

(1) 各大学における学問研究の自由と私立大学の固有の建学の精神及び教学の目標に基づいて、個性的で多様性に富んだ教師養成教育の内容が具体化されるよう、大学における教師養成教育のカリキュラムの編成権を保障し、自主的・実験的な教師養成教育のカリキュラムの研究開発の可能性を規制しないこと。

(2) 教職に関する専門科目として示されている各科目は、教育諸科学等の研究成果に基づかず、単なる便宜的な分類であるので、有機的体系的に相互に連携統合することによって、相乗的な作用が期待できるので、省令では、二単位の細分化や科目名の固定化は大学の主体的なカリキュラム編成権を侵す恐れがあるので避けること。

(3) 学習指導要領の領域をそのまま科目名として強制することや学問的蓄積や根拠の薄い「特別活動」「生徒指導」など、大学の科目として強制しないで各大学の自主的な設置科目の名称を認めること。

(4) 「教育の方法・技術（情報機器・教材の活用を含む）」に関する科目のなかで、特に「情報機器」に関しては、文科系教科の免許状を取得しようとする者には、当面は強制せず、「教育方法」のなかで「コンピュータ導入による社会の変化」等について、学習することとし暫時整備していくことを認めること。

(5) 国際化時代といいながら「比較教育（国際教育・平和教育）」さらに「世界教育史」など教職専門科目として、

正当な位置が与えられていないのは、時代の要請に逆行するので、その他の教職専門科目として認めること。

(6) 高等学校「社会」科については、「地理歴史」「公民」に再編成されたが、中・高等学校の社会科教育の一貫性を図る観点から、中学校社会科の免許状を取得しようとする者にも無理なく高等学校「地理歴史」「公民」の免許状が取得できるようにすること。

この要望書は、一九八九年二月一七日の特別委員会で検討し作成されたものであった。教免法改正に対して大学がどうこの問題に対処したかを知ることができる貴重な資料である。

全国教員養成問題連絡会は、一九八九年八月に全国の国公私立大学を対象とした「教免法改正に伴う各大学の対応状況とその問題点」の調査を実施した。そのなかに今回の教免法改正にたいして、大学はどのように対応したかの自由記述の回答をみると、各大学の対応状況がわかる[6]（第1章を参照されたい）。教免法改正に対する各大学の対応をみると、いかに、各大学が、学問研究の自由と私立大学の固有の建学の精神および理想にもとづいて個性的で多様性に富んだ教師養成教育の内実を教育学や関係諸科学の成果に立って、構想し構築しようと努力したか苦慮の跡がうかがえる。

第5節　一九九八年の教免法改正に対する大学教育の対応

今回の改正の趣旨は、時代の激しい変化のなかで、子どもたちの発達過程においてさまざまな問題が生じ、「いじめ」「不登校」「学級崩壊」など学校教育の実践の場で教育指導の困難な状況に対応するための、カウンセリングマインドなどの即戦力的な教員の力量資質を求める都道府県教育委員会などの社会的要請にもとづくものであった。

しかし、大学における教員養成のあり方を根幹から改正するのに、当事者である大学で教員養成にかかわっている担当者の意見を聴取することなしに改正が実施された。ここに教員養成行政の問題が存在する。そこでここでは、直接大学において教員養成を担当している教員を対象として、今回の免許法改正および最近の教員養成について調査したものをまとめたものである。

1　国立大学教員の教免法改正および最近の教員養成改革に対する主な意見

(1)　教育法の相次ぐ改革は安定性を欠くものであり、大学における教員養成教育[7]（カリキュラム）の混乱をもたらしつつあります。非常勤（社会人）でカヴァーすると言っても、それは（大学における教員養成）の本旨の放棄と思います。

(2)　教免法改正については、教員養成大学・学部に有利で、一般大学、短大での免許状取得を困難にする意図を感じざるを得ない。多くの教職科目を履修させることが、（将来の）教員の先の向上につながるかどうかはいささか疑問。（とはいえ、旧法で全く問題がなかったとも思わない。）開放制の原則を堅持しつつ、教職を志す学生に良質のサービスを提供することを基本方針とすべきであると考える。実習期間を延長したことは賛成。

(3)　学校、子どもに関わる社会・政治問題で、文部省のやっていることが問われるので、大急ぎで教員養成に責任を転嫁しているのではないか、とすら思われる最近の動きだ。

(4)　大学院側に本来、教育実践問題の解決のために、十分貢献しうる能力があって始められたシステムではなく、現場のニーズに合わせて大学院側での再教育を始めたため、大学院側に力量、ノウハウの不十分さが目立つ。教育現場の諸問題を教員の資質・能力問題としてのみ考えず、三〇人学級・TT・学校制度・入試制度の改革と並行した問題の一つとして考えるべきである。

(5)　教員養成の開放制をおびやかす狭い領域指定の傾向が著しい。「各大学で特色を出せる」と言いつつも、最終的には縛られている。

(6)　現代社会では、どの分野でも生涯学習が求められており、また、教師は子供達の自己学習力を育成することが求められている。その中にあって、自ら学ぶ意欲のかけた教師が子供の教育にあたるのは矛盾している。「教師にしかなれない」人材を養成するような養成教育は必要なく、企業人としても一流になれる人材が教師になることが必要であって、教員養成系大学が一般大学並みの教育をきちんとするようなカリキュラム改革をむしろ考えるべきであろう。

(7)　開放制教員養成の理念とかけ離れた制度にくずされていくことを懸念しています。

2　私立大学教員の教免法改正および教員養成改革動向に対する主な意見(8)

(1)　教育現場の諸問題の根底には教師のゆとりのなさがあるにもかかわらず、対症療法的な科目を増やして、角をためて牛を殺すことになるのではと危惧する。

(2)　教免法に基づかなければ、特にある大学では教職課程の充実は困難な状況にあるのも事実であるが、ますます各大学の教職課程の特色が失われているように思う。

実践的指導力の強調は大いに結構であるが、その捉え方があまりにも学習指導要領や現場の支配的な枠組みにとらわれすぎているように思う。

(3)　現場に左右され小間切れにされたカリキュラムで豊かな「人間性」や「心」を育てる教師が育つのか。介護等議員発言に大きく左右され、現場や大学養成側の声や条件を無視したおしつけははなはだいかんであるが、教免法が目覚ましく変わるがハードルだけ高くして、今日の教育課題の解決、現場の苦悩に向かうのか。

(4) 教免法の改正について重大と思われる問題点。

① 中等教育の中で、中学と高校の必修条件に落差を付けたこと。(中学・高校一貫教育の方針との矛盾)

② 中学の教職科目を格段に増加させる一方で教科に関する必要単位を半減し、特に個々の科目単位を従来、二ないし四単位必修であったものを一単位でも含まれていればよいとしたこと。

③ これも①の内容として特に教育実習を中学のみ五単位とし、しかも四単位分の実習について、三週間でも四週間でも可とする杜撰な方針(解釈)。

④ 教職に関する科目のかなりの増加にも拘わらず、必要専任教員数の減少。

＊特例法による介護等体験の義務づけについて——この制度については、法律成立の時点で関係者による充分な検討を欠いたまま実施されたもので、今後本格実施の中で問題続出の可能性有り。

(5) 教育の改革改正は内的なもの外的なものを含め数年ごとに行われているものであり、激しく変動する社会に教育が連動して変わって行かなければならないのも当然である。が、民主主義下においてはその教育の本質は不変である。その不易流行を正しく捉える必要がある。

(6) 一般大学の教員養成が大きな転換期を迎えたといってよい。教免法改正による教職単位増、大学院を視野に入れた六年制養成の方向は、一般大学教職課程の生き残りをかけた厳しい状況を示唆している。目的養成大学に比べ、一般私立大学の教職課程が何でもって特色のある養成とするのか。このままでは生き残りは困難となる。再度、「開放制」の原点に立ち返って、教職課程のあり方を追求すべきであろう。例えば中学四週間の教育実習問題、教科教育法八単位などをどうすべきかである。

(7)　近い将来、中高一貫五年生中等学校が成立するものと予想する。今回の改革・答申は、免許法だけをとりあげれば、小中（義務教育課程）教員の免許の一体（一本）化と、高等学校教員免許の独立が目指されている。私大において、免許を取得する学生は多くが高校教員免許を希望するとすれば、採用試験時に欠格（中学免許保有者のみ対象）となり、実質上、教員採用試験を受けることができなくなるものと思われる。

(8)　基本的に改革・答申の動向に批判的な考えを持っている。教師養成の力量形成が教育改革の成否を決する再重要問題であることは確かであるが、改革・答申では、あまりに対症療法的な発想に基づいて、貧しい教職観が提示されている。教養審など政策立案過程への教師の参加がきわめて限定されているのも大問題である。もっと教師集団に発言権・参加権・決定権が与えられるべきである。

(9)　私たち教職課程の教師達が法改正等にまどわされずに、教えるべき内容をおさえ、学生達の実態に対応して、教えるべき方法で教え、学生達の思考訓練をすることが大切であると思う。そのためには、私たちの自己形式が不可欠である。これは、わたしの形而上学となっている。

(10)　今回の教免法改正は、大学のカリキュラムの創意工夫を極度に押さえ込んで、学習指導要領に沿う実践的指導力を養うようなことを意図している〔学問の目的や教育の目的〕に対する侵害ともいえる。

　＊アカデミック・フリーダム――例えば、細かな内容を規定しそれに合わせて、科目名を設定するような構造は、大学のカリキュラムの内容をそれでしばってしまいかねない。もっと目的で幅広い将来に向かってじっくりと学んでいけるようなカリキュラムこそ求められているのに、「枠」や「欄」のしばりは、学問研究をも狭い視野に閉じこめてしまいかねない。これで魅力のある教師が育つかどうか、大学の当事者と

して大いに心配している。

⑾　大学の設置基準の大綱化規制緩和がいわれながら、教師養成については、再課程設定過程での個別大学への指導行政によって、規制が強められ、大学の自主的・創造的・主体的な教師養成を困難にしていると思う。

——教免法改正にどう対応していくのかに追われるのではなく、二十一世紀を拓く教師教育を求めて、個別大学を越えて結集して開放制教師教育の原則にたち、その充実とそれをなしくずす改変に対して、声を高くあげるべきだと考える。大学の力量が、まさに試されているときだと痛感している。

⑿　今回の法改正で最も深く感じることは、あまりにも教職課程重視型に偏り、もっとそれぞれの分野の専門科目に力を入れて、より専門性の高い大学での教育を重視して行くべきでしょう。

⒀　教職に関する諸科目の大幅単位増は、無意味。大学の教員養成には、限界があり、適切な現職教育の機会を作るのと継続的な自己教育を教員に可能にする体制こそ作るべきである。

⒁　「生徒指導能力を向上させる」ということは大切であるが、これは教えれば身に付くというものではない。現場体験から問題意識を持っての勉強で、始めて身に付くものである。その意味で、教員に採用されてからの研修に力を入れられることを希望する。

⒂　急激な社会変化に伴う大きな社会問題・教育問題を解決するには、特に教育改革が連続的になされる必要があり、大学院における教育の再教育が必要である。しかしながら、特別なまたは、プロフェッショナルなものを求めることによって、大学の存続が出来なくなることも考えられる。大学は各自努力するとしても、開放制は発展することがあっても消滅しない・させないことが今後必要である。

⒃　法改正のペースが早すぎる。前回（昭和六三年一二月）の改正から、その成果が明確にならないうちになしく

ずしに改革が進んでいることが問題。

(17)　前回の改正の結果について評価も定まらぬうちの再改正で非常に遺憾である。文部省は、「大学における教員養成」という原則に挑戦しているように思われる。と同時に「大学の教員が現場を知らない。」と決めつける審議官もおり、大学教員の意見を集約するなどの手続きも踏まずに、一方的に改正を行う行政の姿勢に問題がある。現在の方式のどこが問題なのか、養成・採用・研修の全てに渡って文部省のまじめな統括が出されるべきである。

(18)　前回（一九八九年）の改正の成果の充分な検証もないままに、「いじめ」「不登校」「学校崩壊」などの学校における教育指導の困難な状況に対応するため、付け焼き刃的な改正であると認識している。大学における教員養成は、教職を志す学生が生涯に渡って、教師としての基本的原則理念を学習し、学問的研究の仕方をしっかり身につける場であると考えている。このような認識に立って、今回の改正にあたっては、特に次の二点を重視している。第一に最近の教育諸科学の研究成果を教師養成カリキュラムに繁栄する努力をしている。第二に、私立大学であるので、大学の建学の理念、専門学科の特色を十分に生かした教師養成カリキュラムを編成しようと努力している。

(19)　最近の教員養成に拘わる改革は改革になっていない。改悪である。自由な教育にもっと投資すべき、つまり、若い教員を採用していないことが今日の教育現場の混乱に連動していると考えている。また、一斉採用された公立校の先生のあまりにも過保護的な身分保障も弊害をもたらしていると思う。自由を謳歌している現代、初等・中等教育の大半が税金によって画一的に学校を運営していることにも原因があるのではないか。自由に学校を選択すること、学校ももっとユニークな経営をすること（文部省・県教委の管轄をもっとゆるめる）を考えて行かねばならないのではないか。これは、大学にもいえること。教免法改正はますます画一的な教師養成を狙っている。

(20) あまりにも現場無視の行政指導が行われているきらいがある。答申等に述べられていることは反論の余地がないが、それを現時点での現場に当てはめたとき、混乱を起こす気がしてならない。現場に（大学のみでなく、小中学校も含めて）ねざした改革にして欲しい。

(21) ①全体として、教職に関する科目の単位増で、本当によい教員養成につながるのか疑問がある。――サークルや自らの社会的活動の中で自由に学ぶ場を確保することが大切ではないか。
②教員のランク付けに修士が採用されるということに危惧がある。
③大学における養成で、完成品を求める答申の改革の発想ではなく現場研修も充実させるべきである（自主研修も含む）。
④教科の専門に通じる学問の方法論を開放性のメリットとして、学ぶ場を確保するような改革を進めて欲しい。

(22) 広い視野に立ち、学校における諸問題の解決に役立つ、実践的な指導力を身につけるような教員養成が強く望まれている。課題を解決し、実践に役立つ人材を求める学校現場や社会の期待に応えられる養成を行うべきである。

教職を目指して意欲があり、使命感を持つ学生を教員として採用する方法を考え、教職への意欲のとぼしい学生は無理に教職課程を進めることは避けたほうがよい。これからも、教員採用は厳しいと思われているので、専門職としての教師の養成に精力を注ぎ、いずれの大学でも教職課程を配置するのではなく、精選を行い、内容の充実した大学・大学院での質の高い、きめ細かい教員養成が重要である。

(23) 明らかに開放制教員養成を廃止しようとする策動であり、教員の養成は国立の教員養成大学だけで行うための法改正である。採用後の初任者研修で行うべき事を大学在学中に無理におこなわせようとしているし、教職課程を履修している学生が途中で取得を断念させるように仕向けたカリキュラムと言うべきものである。教育相談（カウンセリング）、特別活動に関する科目、四週間の教育実習、それに養護学校や社会福祉施設での介護体験実習の議員立法化などすべて初任者研修か、通常の研修で行うべき事を大学生に押しつけてきている。人間性を豊かにするための教養科目自主編成（大学側に）させる度量が欲しい。（文部省として）全私学は、こぞって今回の改革答申に反対すべきである。一〇年前の改正で十分である。今回の教免法改正は、初任者研修一〇年研修で行うものに限定すると。

(24) 教免法改正によって新カリを組み、すでに再認定を申請したが、その結果卒業要件以外にとらなければならない単位数を大幅に減らすことが出来た。教職科目の強化や実習四週間、介護など中学免許の場合は新たな負担があるが、望ましい教員養成の観点から見れば、これらはプラスだと判断している。

(25) 高学歴化の中で教育だけ除外されている。海外のように、小中高校の資格に博士号取得を義務づけたらどうか。そうすれば、小中高教員の社会的評価も向上し、教員への信頼回復になると思う。

(26) 閉鎖制への傾斜を懸念する。一般大学においても、開放性維持のための教員養成システム、理念についての研究、運動が必要なのではないか。刻下の急務と思われる。

(27) 今回の教免法改正は、大学改革の基本になっている。大学設置基準の大綱化、規制緩和の方向とは相矛盾しているかのように思われた。一般大学、学部における教職課程の運営が困難になる事態を招いており、開放制教員養成制度の存続にとって、重大な危惧の念を抱いている関係者も少なくないであろう。

(28) 学校教育の現状(「荒廃」)及び二十一世紀に向けての教育改革といわれる。当然、教員の力量・資質向上は問われ、大切なこととなる。しかし、荒廃といわれる現状は定員(教員の)を増し、学級の定員数をへらすなどの対応・及び受験制度(能力主義に基づく)の検討なくして、教員・学校にのみ責任を向け、教員の資質向上のみに限定して養成に求められるのは、木を見て森を見ずの思想に等しい。

(29) 教免法改正は、例によって、一方的に行われていて、学会や大学関係者の上を素通りしているという印象。「教職科目重視・実習延長」も短絡的。もっと、専門家・教師を含めた、真剣で、じっくりとした討議・研究が必要である。

(30) ①中学の教育実習はできるだけ早く、二週間に戻すべきだ。

②「教職科目」の必要単位を減らすべきだ。

③「教職科目」の必修科目を選択にすべきだ。

④教育史・教育社会学など基礎的科目を充実必修化すべきだ。

(31) 文部省は自らの理想を大学側に申しつけるだけでその実施上の環境整備には、ほとんど汗を流さない。例えば、中学での教育実習の四週間への延長について、全国の中学校長会で進んで、説明に参上し、理解を求めたという事実がどのくらいあったのだろうか。各地方、都道府県に出向いて、どのような努力をしたのか。文部行政には疑問な点が多い。

(32) 教員養成は、現場で多くの教師達と語り合いながら学びつづけて仕上がるものだと考える。初任者研修という短期間だけ密度濃くやり疲れさせるのではなく、ゆったりと先輩教員と語り合える学校教育の時間的余裕がなければ大学でどのような教育をしたとしても、教員は現場で、育ち続けない。教師が生徒と向き合い、教えながら、成長できる教員教育こそが、大事である。教員養成は、考える力、学ぶ楽しさを自分の専門で、また、生徒と授業を作る楽しさを中心に育てることに重点があるべきだと考える。

前回の両課程認定以来の大幅改革ですが、開放制教員教育の独自のカリキュラム研究が一〇年間になされていれば、これとも比較が出来たでしょうが進歩がないように思い残念です。逆提案するようなものがなかったのです。学級崩壊が進む学校で、指導力のある教師から、実習指導を受けるなら、実習期間延長も余裕が出て何とかなるのかそれとも実習生は放置されたまま、期間が伸び拘束されることを憂慮している。一緒になって取り組むのもまた生きた実習かもしれない。(33)

今回の教免法改正および最近の教員養成改革動向に対する大学教員の主な意見を見てきたが、二一世紀に向かって戦前の教員養成の深い反省に基づいて成立した開放制教員養成制度をなしくずしてきた制度改革に対する危機感や怒りの念が意見の中心となっている。さらに、世紀末の激しい価値観の転換期社会のなかで、大学における教員養成こそ教師としての普遍的な価値や学問的精神の函養が大切であるとの意見など、教員養成改革にたいする批判的な意見が目だっている。

第６節　二一世紀に向かって教師に求められる力量・資質

今日の学校教育の困難な状況のなかで、学校教育のおかれている条件整備は等閑にし、常にその成否が、子ども・青年の教育に直接携わる教員の力量・資質が強く問われている。先に、大学で直接教員養成に携わっている大学教員に対して行った、二つの科学研究費補助費による調査結果をもとに検討した（第4章参照）。

教免法の改正の趣意は、情報化・国際化等により多様化する価値観のなかで、子どもたちに「生きる力」をもつ教師を早急に養成しようとするものであった。大学の教員養成担当者や中学校で教育実践に携わっている教師は、「二一世紀に向けて大学ではどのような力量を持つ教師を養成しようとしているか、又中学校の教育現場ではどのような能力を持つ教師を期待しているか」について調査した結果である[9]。

この調査結果を考察すると（下表）、「二一世紀に向かって教師に最も期待される能力」は、大学・中学ともに「豊かな人間認識・人間性や人間理解教育の能力」（二六・七％、一七・〇％）が共通してもっとも高い。第二位、大学は「子どもへの深い理解や子どもの立場・内面に即した教育の能力」（一五・七％）、中学は「教育者としての倫理・使命感」（九・七％）である。第三位、大学は「国際社会・地球時代への広い視野や国際

21世紀に向かって教師に最も期待される能力

	大学	中学
(1) 国際社会，地球時代への広い視野や国際理解・平和教育の能力	9.2%	7.7%
(2) 豊かな人間認識・人間性や人間理解教育の能力	16.7	17.0
(3) 自然環境や生態系の認識や環境教育の能力	4.9	2.4
(4) 地域の認識や地域教育の能力	5.2	4.5
(5) 子どもへの深い理解や子どもの立場・内面に即した教育の能力	15.7	4.9
(6) 自らの魅力ある個性の発揮や子どもの個性を育てる能力	7.8	8.9
(7) 自らの創造力の発揮や子供の創造力・想像力を育てる能力	8.4	4.3
(8) 鋭い人権感覚や子どもの人権意識を育てる能力	6.2	7.2
(9) 国民に責任を負う教師としての主体性，子どもの自主性を育てる能力	6.5	7.8
(10) 学問の自由の尊重，学問研究能力や真理真実を探求し教える能力	5.3	1.0
(11) 教育者としての倫理・使命感	5.8	9.7
(12) 学習指導要領（教科・特別活動・道徳教育）に即した実践的指導能力	1.1	4.7
(13) 法令の遵守や校長を中心とした学校のまとまりへの協力	0.9	6.0
(14) 情報化社会への認識や情報処理能力	3.4	2.6
(15) 子どもを管理し規律を保持する能力	0.4	0.7
(16) その他	0.9	0.4

理解教育・平和教育の能力」(九・二%)、中学は「自らの魅力ある個性の発揮や子どもの個性を育てる能力」(八・九%)である。第四位、大学は「自らの創造力の発揮や子どもの創造力・想像力を育てる能力」(八・四%)、中学は「国民に責任を負う教師としての主体性・子どもの自主性を育てる能力」(七・八%)である。第五位、大学は「自らの魅力ある個性の発揮や子どもの個性を育てる能力」(七・八%)、中学は「国際社会、地球時代への広い視野や国際理解・平和教育の能力」(七・七%)である。

期待度の低い教師の資質・能力を見ると、最も期待されない能力は、「子どもを管理し規律を保持する能力」で、大学(〇・四%)・中学(〇・七%)ともに低い。さらに、大学は「法令の遵守や校長を中心とした学校のまとまりへの協力」(〇・九%)、中学は「学問の尊重、学問研究能力や真理真実を探究し教える能力」(一・〇%)である。第三位、大学は「学習指導要領に即した実践的指導能力」(一・一%)、中学は「自然環境や環境教育の能力」(一・四%)であった。

この調査結果を考察すると「二一世紀に向かって教師に期待される能力」を理解することができる。大学で教員養成に取り組んでいる担当者と今日教育指導のもっとも困難な中学校で教育実践に励んでいる教師の考えている教師の能力とは大きな違いがないことが理解できる。

第7節　教師養成の基本的課題

一九八八年および一九九八年の二度にわたる教免法の改正の動向とその趣意を検討し、教免法に対する大学の担当者の意見、さらに、調査を基にして、二一世紀を拓き担う教師の力量・資質について検討してきた。この二度にわたる教免法改正の基本的精神には、大きな矛盾を見落とすことはできない。前者の改正の基本的理念は、一言でいえば教師の基本的力量として、教科の専門性の重視であった。この社会的背景にあったものは、「高学歴化」「情報化」社会の到来に対して教師の専門性が問われたのであった。これに対して、今回（一九九八年）の法改正は、「いじめ」「不登校」「学級崩壊」等に即対応できる即戦力となる教師が求められたのである。その背後にある文教政策は、開放制免許制度の廃止と目的養成の復活であるといわざるをえない法改正であった。

こうした状況での法改正に対する二つの調査結果をもとに、新しい世紀に向かって大きな転換期社会に求められる教育者の力量を総合的にとらえると、次のように考えられる。まず、第一に「幅広い確かな教養に裏づけられた豊かな人間性」であり、第二に「一人ひとりの子どもの内面に秘められている無限の可能性を発見し育てる奥深い人間理解能力」であり、第三に「子どもの生存と発達を権利として保障しようとする鋭い人権感覚を持つこと」、第四に「常に探究者として学問の自由の尊重や学問的能力や真理・真実を探究し教える能力」、第五として「過去の歴史の科学的認識と歴史の継承者としての自覚」、最後に「教師として子どもたちと共に二一世紀社会を創造し、想像するという自覚と使命観を持つこと」、こうした教師としての基本的力量形成の場こそが、二一世紀を目前に控えた今日の大学に課せられた教員養成の基本的課題であると考えている。

こうした教師の力量形成の場として、大学における教師養成のカリキュラム編成の基本的課題は、⑴教育諸科学の学問的成果にもとづいて、教育認識と教育実践についての理解を深め、その学問的成果を体系的に教師養成カリキュラム編成に生かすこと。⑵各大学は建学の理想・教学の理念にもとづいて、その大学の独自の専門教育の特色を生かしたユニークな教師養成のカリキュラムを編成すること。⑶教師として人間として生涯にわたって自己形成をしていく基盤をカリキュラム編成のなかに構築すること。⑷地球社会的視野にたって、「自然」と「ひと」・「ひと」と「コンピュータ」・「異文化」等の共生・共存の理念の実践者として二一世紀を拓く力量形成の場としての教師養成カリキュラムの再構築である。以上四点が新しい世紀に向かっての教師養成の基本的課題であると考えている。

注

（1）全国教員養成問題研究連絡『教免法改正に伴う各大学の対応状況とその問題点』日本教育学会第四八回大会発表資料（一九八九年八月二八日。於筑波大学。筆者も共同研究者の一人であった）

（2）『新教育職員免許法の下における教員養成カリキュラムに関する総合的調査研究』（一九九一年度科学研究費補助金〔総合研究A〕研究成果報告書・課題番号〔〇二三〇一〇三四〕研究代表三輪定宣〔千葉大学〕筆者も共同研究者の一人であった）一一五〜一一六頁。

（3）『教育実習及び介護体験の教育的意義と内容方法に関する調査研究』（一九九八〜一九九九年度文部省科学研究費補助金〔基盤研究C〕・課題番号〔一〇六一〇二七八〕研究代表黒澤英典〔武蔵大学〕）の『新教育職員免許法下の教員養成カリキュラム編成に関する調査』（一九九九年二月実施）。日本教師教育学会第八回研究大会発表資料（一九九九年一〇月九日於立正大学）

（4）教育職員養成審議会『新たな時代に向けた教員養成の改善方策について』（第一次答申）（一九九七年七月二八日）一一〜一二頁。

（5）『教職専門科目等に関する省令作成についての要望』関東地区教職課程研究連絡協議会・教免法検討特別委員会に筆者の提案資料（一九八九年二月一七日）

（6）注（1）参照。

（7）『新教育職員免許法下におけるカリキュラム編成の諸問題』日本教育学会第五八回大会（一九九九年九月）。発表資料（共同研究代表黒澤英典）一六頁。

（8）同上、一七〜二一頁。

（9）注（2）参照。

第9章　教員の養成・採用・研修の連携と構造化の課題

第1節　問題提起

本章は、第二二回全国私立大学教職課程研究連絡協議会（全私教協）研究大会第一分科会「教員の養成・採用・研修の連携と構造化」で報告したものをまとめたものである。二一世紀を目前にして、われわれを取り巻く日本社会の状況は急激な変化のなかで、政治の混迷、長期化した経済不況、市民生活の不安定さ、教育の場の荒廃と教育の理念の喪失など、現代人が当面する課題は数多く存在している。

とりわけ、教育の場に目をやれば、「いじめ」「不登校」「学級崩壊」「青少年の逸脱行動」など、教育指導の困難な状況におかれている。

こうした状況のなかで、常に問われるのが、教育のあり方・学校のあり方であり、行き着くところは、教師のあり方であり、教師の力量・資質の問題に限りなく収斂する。教師の力量・資質の問題となると、大学での教師養成の問題となるのである。大学における教師養成カリキュラムの問題となる。その結果、教員養成教育の実践の場の詳細な検討なしに、教育職員免許法の改正となる。大学教育に馴染まない教職科目が強制され、各大学の建学の理想にもとづく特色のある教員養成カリキュラムが文部省の課程認定によって否定されるのである。

この小論は、大学における教員養成を中心として、教育職員養成審議会（以下、教養審）の第三答申を手がかりとして、教員の養成・採用・研修について、その連携と構造化の課題について述べたい。

第2節　今回の教養審答申の問題点

今回の教養審の答申の出される経緯をたどると、中央教育審議会（以下、中教審）の第一次答申「二一世紀を展望した我が国の教育の在り方について」（一九九六年）を受けて、教養審への諮問「新たな時代に向けた教員養成の改善方策について」（一九九六年七月）がなされた。この諮問を受けた教養審は、一年の検討の結果を第一次答申「教員養成課程カリキュラムの改善について」（一九九七年七月）、第二次答申「修士課程を積極的に活用した教員養成の在り方について」（一九九八年一〇月）、さらに第三次答申「養成と採用・研修との連携の円滑化について」（一九九九年一二月）を提出した。この間の一連の教育政策は、まさに「第三の教育改革」の総仕上げの一環であった。

さらに、「第三次答申」は、今回の教養審の一連の「答申」の総締めくくりであり、形式的には最終答申であり、「第一次・二次答申」と一体的に、「教員の資質能力の向上」をめざす総合的な教員養成政策の提言であったといえる。

二一世紀を展望する総合的な施策であるのにもかかわらず、教育職員免許法（以下、教免法）の一部を改正する法律案の審議にあたっての衆議院文教委員会の参考人発言を読むと大きな問題を感じざるをえない。

第一二四回　衆議院文教委員会（一九九八年五月二七日）における参考人発言（「衆議院文教委員会議録」第一四号）

①　都道府県教育長協議会代表　杉田　豊氏（静岡県教育委員会教育長）の発言

◎《大学における教員養成カリキュラム改善の背景》「教員には、答申でも指摘されておりますように《採用当初から学級や教科を担任しつつ、教科指導、生徒指導等職務を著しい支障が生じることなく実践できる資質能力》が求められているにもかかわらず、大学の授業が抽象的な学問、研究に閉じこもっているとのイメージが教育委員会や学校現場の関係者にはぬぐいえないということでございます。この点につきまして、都道府県教育長協議会から教養審にたいしまして提出いたしました意見書におきましても《いじめや登校拒否等の昨今の学校教育を巡る問題の多くは、大学での教員養成カリキュラムが急激な時代の変化に対応しきれなかったところに一因があり、ひいては、中学校・高等学校における教科に関する科目重視のカリキュラムなど、教員養成カリキュラムの基本構造にメスをいれなければ、問題の解決は困難と考えられる》と指摘しているところでございます。……」

②　教員養成審議会会長　蓮見音彦氏の発言

◎《改正の必要性について》「前回の改正によりまして、平成二年の入学生から今の制度になっているわけでございますが、一〇年という期間になりますので、この変化の激しい時代の中で一〇年という期間はやはり非常に重い期間であるというふうに考えているところでございます……」

◎《中学校の教育実習四週間問題について》「実習校の受け入れが難しいのではないかというご懸念でございますけれども、これにつきましては、わたくしどもの総会におきます審議の中で、中学校長会の関係の方から全面的に協力するというふうなご指摘をいただいておりますので、恐らく十分対応していただけるであろうというふうに信じて居ります。……」

③　中央大学教授　中野　光氏の発言

◎《法案と答申の内容的矛盾について》一九九七年六月一九日、国立大学協会教員養成特別委員会委員長蓮見音彦氏から教養審・カリキュラム等特別委員会主査　高倉　翔殿あてにだされた文章（蓮見文章）

要点(A)「貴特別委員会の全体としての精神としては、基準の大綱化、弾力化の方向で、大学の創意工夫を求めていながら、具体的提言においては、とくに「教職科目」に関しては画一化・硬直化・質的低下・細目の規制に陥る可能性が含まれているのではないかと感じられます。」

要点(B)《教職科目の基準引き上げの再検討について》「大学で確かな学問をした人たちが、自由意志による選択の中でその職業を選ぶ意志につながるように教職の社会的地位と処遇の向上を図るとともに、その人たちが大きな壁を意識することなく、教職に就くことのできるようなシステムを我々は創っていきたいと考えます。」

要点(C)《答申の教職への志向と一体感の形成に関する科目》「かつての教育原理、従来の、教育の本質と目標・社会的行政的な事項そのものが、広義の教職ガイダンスの役割を担っていたものと考えられ、その中には、必ず、教師論・教職論・教職の専門職論・教職への勧めを含めてきたものと考えております。今日、あらためてそれのみを二単位三〇時間相当講じることの意義を明確に提示することは難しいように思います。」さらに、「総合演習科目も、あの大綱化以来、すでに多くの大学が、共通科目・教養科目・総合科目等として、様々な創意工夫によって現代的課題に対応できる高度な知性を培う教育を求めているのだから、総合演習科目がかえって形骸化する恐れがある」と警告している。

教養審答申が、大学における教員養成の実践に携わっている現場からの発言ではなく、一部の人の意見によってなされ、大学における教員養成のあり方が、根本的に改正されるところに、教養審答申の問題があるといわざるをえない。

第3節　第三次答申の全体構造と問題点

第三次答申は、ここ数回の教養審答申の《締めくくり》であり、《教員の資質能力の向上》をめざす《総合的な施策》の提言であると位置づけている。そこで、この答申の全体構造を示すと次のようである。

1　第三次答申の全体構造

まず、《求められる教員像》は、第一に《得意分野を持つ個性豊かな教員》であり、第二に《現場の環境に適切に対応できる力量ある教員》であり、第三に《子どもたちに生きる力を培える教員》であるという。大学における養成段階の課題を次のように示している。

(1)　養成段階の課題→教職課程の充実と大学教員の指導力の向上

①　大学教員の教授法の研究開発
②　学校現場との人事交流等の推進
③　付属学校との積極的な連携
④　教員養成を担当する大学職員の養成のための大学院の充実（新大学院に設置）

当然のことながら、第一次答申の「教員養成カリキュラムの改善」と密接な関係をもっている。

次に、採用（選考）の課題であるが、次のように示している。

(2)　採用（選考）の課題

①　多面的な人物評価の一層の推進↓新規学卒者・教職経験者・民間企業経験者を別基準により選考、パソコン実技試験の実施、ＴＯＥＦＬ等の試験の評価

②　求める教師像の明確化↓採用選考の内容・基準の公表〔情報公開の請求〕

③　良質な学力試験問題の運用の改善

④　条件付採用制度の運用の改善↓勤務評定の内容・方法、手続きのシステムの研究

最後に、研修の課題であるが、次のように示している。

(3)　研修の課題

①　教員の自主的、主体的な研修の奨励↓勤務時間以外の研修機会の提供、研修休業制度の創設等

②　初任者研修の一層の充実↓指導体制の充実、研修カリキュラムの工夫

③　管理職のマネジメント能力の育成

第二次答申の「大学院における現職教員の再教育」に関連している。

(4)　第三次答申でしめしている養成・採用・研修の連携の課題として、次の二点をあげている。

①　大学と教育委員会の連携のための組織体制づくり

②　養成・採用・研修の各段階における連携方策の検討

第三次答申に忠実に、《養成》《採用》《研修》を構想化してみたが、多くの問題点が存在する。

2　第三次答申の問題点

ここで第三次答申の問題点を指摘しておきたい。

開放制免許制度のなし崩し↓養成段階のカリキュラム改善

(1)［戦後教育改革にもとづく教員養成の三原則］のなし崩し

①「免許状主義」↓「学校種・教科種に対応」の問題、養護教諭の授業担当、特別非常勤講師の積極的登用、「一種免許状が標準」から専修免許状へシフト（六年一貫制の養成へ）

②「開放制養成制度」↓第一次答申に追加された［柔軟な運用］（三項目）、第二次答申における［開放制の趣旨の一層の徹底］が記述されているが↓本音［開放制］を一層狭める政策

③［大学における養成］↓社会人の活用促進（受験年齢制限緩和）、特別非常勤講師特別免許状の上進制など

(2)　大学の養成段階におけるカリキュラム問題

①　大学での養成と初任者研修《等》の統合：大学での養成＋αの問題↓六年一貫養成初任研《等》の《等＝α》の問題↓大学院のみの養成（二二歳以上なら入学資格あり：大学審議会）、試補制度の問題等

②「実践的指導力の基礎」の習得が「大学の責務」の問題↓即戦力の基礎・基本ではなく教員が生涯にわたって自己の人生観世界観形成の基礎の習得が《大学の責務》

③「養成しようとする教員像」の明確化↓各大学における教員養成の画一化・カリキュラム編成の規制・統制

④「大学における養成カリキュラム」の研究開発（教職課程における教育内容・方法の研究開発）委嘱・私立大

学は少ない（平成一〇～一一年度五九分の六件）↓私立大学への連絡の問題あり、国立大学中心

⑤「自己点検・評価」「外部評価」の問題↓大学基準協会による外部評価

大学教員の指導力の向上↓大学における教授法の開発

(1)《教職課程教育に対する偏見》↓［大学の授業が抽象的な学問・研究に閉じこもっている」という認識・偏見

(2)大学では何をどう教えるか・学ぶか↓大学の養成段階での教育と研修との役割分担および連携の構築が課題

(3)養成教育と現職教員の交流の問題（勤務規定の問題）があり、そのため現職教員（公立）を非常勤講師として、現場の優秀な教師の採用が困難である。条令・勤務規則の早急の改定が必要である。

(4)教員養成大学・学部において教員養成に携わる大学教員の養成のための大学院（教員養成を目的とする学部の大学院）の充実↓一般大学の大学院の充実の必要性

その他

(1)教員養成カリキュラムの基本構造の転換↓前回（一九八八年）の改正教科専門から教職へ、問題点：従来の「文学部」「理学部」等ではない新しい学科が二〇単位で教員の力量形成の向上となるのか？

(2)大学での養成段階での「理論と実践との結合」↓「実践と理論との結合」へ

(3)「大学院修学休業制度」創設（平成一二年四月）および専修免許状取得者の優遇制度などの問題点

(4) 専修免許状取得者の試算→一〇年後：一五～二〇％・二〇年後：三〇～五〇％
(5) 教員の選考基準の公開・採用試験問題の公開の問題
(6) 情報科・福祉科の課程認定の問題（平成一二年九月三〇日）

第4節　教免法改正に対する大学教員の意見

参考までに、われわれが調査した「教養審の答申に基づく教免法改正に対する大学教員の主な意見」をあげると次のようである。

1　今回の改正に対する意見（「新教育職員免許法下の教員養成カリキュラム編成に関する調査」科研費調査一九八八～一九九九年度、一九九八年二月調査実施）

(1) 教免法の相次ぐ改正は安定性を欠くものであり、大学における教員養成教育（カリキュラム）の混乱をもたらすもの……

(2) 教員養成大学・学部に有利で、一般大学・短大での免許状取得を困難にする意図を感じざるを得ない。教職科目を多く履修させることが教員の資質の向上につながるかどうか疑問である。……開放制の原則を堅持しつつ、教職を強く志望する学生に良質のサービスを提供することを基本方針にすべきである。

(3) 開放制を脅かす狭い領域指定の傾向が著しい、「各大学で特色を出せる」と言いつつも、最終的には縛られている。

(4)今回の改正が、あまりにも、学習指導要領や現場の支配的な枠組みにとらわれすぎている。……

(5)一般大学の教員養成が大きな転換期を迎えたといってよい。教免法改正による教職単位増、大学院を視野にいれた六年制養成の方向は、一般大学教職課程の生き残りをかけた厳しい状況を示唆している。目的養成大学に比べ、一般私立大学の教職課程が何でもって特色のある養成とするのか、このままでは生き残りは困難となる。再度、「開放制」の原点に立ち返って、教職課程のあり方を追求すべきであろう。

(6)教員養成・力量形成が教育改革の成否を決する最重要課題であることは確かですが、改革・答申では、あまりに対処療法的な発想に基づいていて、貧しい教職観が提示されているように思います。教養審など政策立案過程への教師の参加がきわめて限定されているのも大問題です。もっと教師集団に発言権・参加権・決定権があたえられるべきです。

(7)大学の設置基準の大綱化・規制緩和がいわれながら、教員養成については、省令・課程認定過程での個別大学への画一的指導行政によって、規制が強められ、大学の自主的・創造的・主体的な教師養成を困難にしていると思う。

(8)前回の改正の成果の充分な検証もないままに、「いじめ」「不登校」「学級崩壊」などの学校における教育指導の困難な状況に対応するため、付け焼き刃的な改正であると考えている。大学における教員養成（教職課程教育）は、教職を志す学生が生涯にわたって、教師としての基本的理念原則を学習し、自己の専門とする学問的研究の仕方や幅広い教養を身につける場であると考えている。このような認識に立って、今回の改正にあたっては、特に次の二点を重視している。第一に、最近の教育諸科学の研究成果を出来る限り教師養成カリキュラムに反映させる努力をしている。第二に、私立大学であるので、大学の建学の理想・専門学科の特色を十分に生かした教師養成カリキュラムを編成しようと努力している。

(9)　明らかに開放制教員養成を廃止しようとする策動であり、教員の養成は国立の教員養成大学だけでおこなうための法改正である。採用後の初任者研修で行うべきことを大学在学中に無理に行わせようとしているし、教職課程を履修している学生が、途中で取得を断念させるように仕向けたカリキュラムと言うべきものである。教育相談（カウンセリング）・特別活動に関する科目・四週間実習、それに介護等体験などすべて、初任者研修か、通常の研修で行うべき事を大学生に押し付けている。人間性を豊かにする教養科目・自主編成（大学側にさせる度量が欲しい（文部省として）。全私学は、こぞって今回の改革答申に反対すべきである。一〇年前の改正で十分である。今回の教免法改正は、初任者研修あるいは、一〇年研修で行うものに限定すること。

(10)　開放制教師教育の独自なカリキュラム研究が、この一〇年間なされていれば、それとも比較出来たでしょうが、進歩がないように思い残念です。逆提案するようなものがなかったのです。……

2　前回の改正に対する意見（「教免法改正にともなう各大学の対応状況とその問題点」全国教員養成問題連絡会調査一九八九年三月調査、第四八回日本教育学会大会発表資料・於筑波大学）

(1)　教育とは何か、そもそも教育とは何をめざすのか、というところまで検討しかけたが、十分には時間がなかった。

(2)　戦後の開放制教員養成制度の維持、単なる即現場に役立つ教員の養成にとどまらない、学問をふまえた底の深い教員の養成。

(3)　望ましい教師像を目標に、カリキュラムの構造化をはかる。建学の精神、教員養成の歴史をふまえた個性的創造的教員の養成を考えている。

(4) 開放制教員養成の理念にたって、教育学の学問的成果に基づいて、教育認識と実践についての理解を深め、その上にたって、教育の実地研究として教育実習を位置付ける。

(5) 私立大学であるから、建学の精神を基本的理念として、特色ある教師養成をいかに構築するか、および教育学の学問的成果を生かした教師養成教育について、最も考慮した。

この二つの調査を通して、各大学の教師教育実践にたずさわっている教員は、教免法改正の度に、戦後の教員養成の大原則である「開放制教員養成制度のなし崩し」に対して大きな危機意識を抱いていることがわかる。さらに、大学における養成段階では、学習指導要領や現場の支配的な枠組みにとらわれず、教師としての学問的探究精神を基礎基本としてしっかりと身につけさせることの大切さが述べられている。

第5節　養成・採用・研修の連携と構造化の課題

教員の力量、資質形成は、教員の Life-stage において、養成・採用・研修の各段階を通じて高められるべきものであり、それぞれの段階における力量資質向上をめざす努力が、有機的に関連し連携しあいながら、進められなければならない。そこで、まず各段階の検討内容と提言の要旨をのべ、最後に連携と構造化の可能性を探ってみたい。

1 養成段階

(1) 大学では、学生に教師として生涯にわたって生きる学問探究の精神と専門的教養を培う。そして、教師をこころざす学生が、自らを高める生き方を考え行動できるような、学問的精神に裏づけられたカリキュラムを大学教育全体のなかで構想し実践する。

(2) 教育実習の多様化と充実であるが、大学としては、教育実習・介護等体験について、内容・方法期間および、その教育的意義を再検討する必要がある。

受け入れ校としては、実習生の受け入れを機会に受け入れ校の教員の現職研修としてとらえ、積極的に活用をはかる。

(3) 大学と学校現場との人事の交流を実施する。

(4) 大学院（夜間・通信制）を教員養成および現職教育に連携し、構造化して積極的に活用する。

2 採用（選考）段階

(1) 望ましい教員像について、採用にあたる教育委員会・学校・大学との連携の具体的な在り方の構造化をはかる。

(2) 大学と教育委員会との連携・相互理解によって、二一世紀社会を担う望ましい教師像について共通認識をもち、さらに、学生が教職への自覚を高める観点から、学校の教育活動への参加・参画を構想し実施する。

(3) 大学から推薦された学生に対しては一次試験を免除するという優遇措置をとる。

(4) 大学と教育委員会との連携のうえで慎重に審議して教員採用推進制度を導入する。

(5) 大学の作成する人物調書は、採用（選考）にあたっては重視する。

(6) 面接試験にあたっては、教職経験だけでなく、実業界の第一線で活躍している人、さらに父母の代表など加えて多面的な人物評価を実施する。

(7) 大学と教育委員会と学校現場の連携によって、教師としての力量形成に役立つ、質の高い試験問題を開発する。

(8) 求める教師像を明確にし、採用選考の内容・基準の公開および受験学生の成績など個人情報の公開を教育委員会は、請求にもとづいて行う。

3 研修段階

(1) 国際化・情報化および科学技術の急速な発展によって、急激に知識が陳腐化する現代社会にあっては、教員の現職研修は重要な意味をもっている。そこで、大学と教育委員会との組織的な連携を一層充実させる。

(2) 大学における公開講座による教員研修の代替を積極的に推進する。

(3) 教員養成プログラムと初任者研修の連携を構想し、大学・学校・教育委員会が構造化して役割分担をして、教員の力量形成をはかる。

(4) 大学と教育委員会と学校との人的交流を促進する。例えば、教員研修について、大学のスタッフによる講師リストを作成し、教育委員会で活用する。教員養成について言えば、教育委員会や学校でユニークな教育実践をしている指導者を、大学の特別講師として採用する。

(5) 現職研修で最も大切な研修の場は、勤務校の教師同士の自主的な共同研究である。教え合い、学び合う教員集団の構築が、今求められている。

(6)　教員の力量形成で最も効果をあげるものに、教員の民間の学術研究的教育団体への自主的・主体的な参加であり、それへの参加の奨励と参加・研修の機会の積極的な提供であり、研修休業制度の創設である。

以上、養成・採用・研修の各段階での課題を述べてきたが、新しい世紀をむかえて、ますます教育状況が激しく変貌するなかでは、養成・採用・研修を真に教師の力量形成に有効なものとするためには従来以上に、教員養成にかかわる大学、教育委員会、学校、さらに《地域住民・父母の参加》による組織の構築が必要である。全私教協は一九八九年以来すでに提唱している《地域教師教育機構》のような協議組織を作り、教員の養成・採用・研修の構造化と連携を構築することが、二一世紀を迎えた今日求められているのではなかろうか。

第6節　開放制教師養成制度の発展を願って

最後に、戦後教育改革の大きな財産の一つである開放制教員養成制度が、教免法の改正のたびに形骸化・風化させられて危機に瀕している。新しい世紀を目前にして、この開放制教員養成制度の理念をあらためて明確にしておきたい。そのことは現在の教養審の審議の実態をみて明らかなように、教員養成に直接たずさわっていない当事者でない、一部の現状を深く認識していない人によって答申がつくられ、教免法改正がなされていく状況では、大学での養成を付け焼き刃的な、即戦力的な養成ではなく、教師を志す学生たちが教師として生涯にわたって自己の教育実践の支えとなる《知性》と《教養》を培うことが求められる。そのためには、次の三点を確認しておきたい。

(1)　それは、研究と教育の自由が保障され、学問的精神の旺盛な大学において教員養成を行おうとするものである。

(2) 開放制教員養成制度は、自由で創造的・学問的な環境において教員養成を行うことを通し、さまざまな個性をもち、創造的・学問的および批判的な精神を身につけた人物を教育実践の場に送り出すことが、教員養成にかかわる大学の責務である。

(3) この制度は、大学における教員養成の教育課程（カリキュラム）編成にあたっては、それぞれの大学の自主性・自律性を尊重するものである。したがって、この制度のもとではさまざまの建学の理想や特徴をもった大学において、それぞれの特色をいかした教員養成が行われる。

さて、二一世紀を迎え社会全体が激しく変化していくなかで、開放制教員養成制度の理念はますます重視されなくてはならないものと、強く考えている。この報告の最初に述べたような、学校現場で即座に役立つ付け焼き刃的な実践的知識・技能などは、すぐに役立たなくなるということは、すでに、われわれが経験したところである。大学における教員養成でもっとも重視すべきことは、どのように時代や社会が変化していこうとも、生涯にわたって自己自身で課題を見つけ、自ら考え、自ら判断し行動し、問題を解決し、子どもたちと共に未来に希望を見いだしていく力量・資質をもつ教師の育成である。そうした教師の力量形成の基礎は、それぞれの大学におけるしなやかで幅広い教養（ヒューマニズムの精神）と、学問的精神に裏づけられた専門的学識であると、考えている。

付記

本稿は報告にしたものに加筆したものであるので注は省略した。参考文献は次の通りである。

(1)『教育職員養成審議会答申（第一・二・三次）』文部省（一九九七〜九九年）

(2)『東京都教員養成・選考・研修に関する調査検討委員会報告』東京都教育委員会（一九九八年）、筆者もこの委員会の委員の一人であった。

(3)『教員の年齢構成と教職活動・教育効果に関する調査研究』（一九九六～九八年、科研費研究成果報告書）研究代表 三輪定宣（一九九九年）、筆者も共同研究者の一人であった。

(4)『教育実習及び介護等体験の教育的意義と内容方法に関する総合的調査研究』（一九九八～九九年度、科研費研究成果報告書）研究代表　黒澤英典（二〇〇〇年）

(5)文部省教育助成局委嘱、教職課程における教育内容・方法の開発研究報告書『中学校教育実習の指導内容と実施方法に関する研究』（一九九八～九九年度）研究代表　木内　剛（二〇〇〇年）、筆者も共同研究者の一人であった。

(6)『会報』（No.27）東京地区教育実習研究連絡協議会、一九九八年。

(7)「シンポジウム：地域教師教育機構の可能性」『教師教育研究』（No.1）全国私立大学教職課程研究連絡協議会、一九九八年。

第10章　私立大学における教師教育の展望
――二一世紀の教師教育の創造的発展をめざして

はじめに

二一世紀初頭のわれわれをとりまく状況は、急激な変化にさらされている。とりわけ一九九〇年からの十数年は、過去数百年に匹敵する変化の激しさである。しかも時代の潮流は決してよい方向にむかおうとはしていない。長期化した世界的な経済不況、それにともなう市民生活の不安感、とりわけ青少年の犯罪の激増、教育の場の荒廃と理念の喪失、学校だけでは解決できない問題等があげられている。

社会が混迷していればいるほど、未来を担う子どもの成長と発達への期待は大きい。そこで、つねに問われるのが教師の資質・力量である。教師の力量形成を担う大学における教師の養成のあり方がいつの時代でも問題とされる。

とりわけ、戦前の教員養成制度の苦渋に充ちた深い反省から、まず戦後教育改革の一環として行われた教員養成制度改革において、二つの大きな原則が示された。何よりも戦前からの師範学校制度による養成を廃絶し、「教員養成は《大学》において行う」という原則と、これにもとづいて、教員免許は所定の（教育職員免許法に従った）教職課程を設置する大学なら、いずれの大学でも教員養成を行うことができるという「開放制教員免許制度」によるという原則を打ち立てたことである。このことから、教員養成制度と大学制度という二つの制度は、まったく別々に存在するのではなく、教員養成制度は、「学問の自由」と「大学の自治」の保障に裏づけられた大学制度のうえに、その価値を尊重し、また必要とするものとして構想され、形づくられたものであるということは自明の事実であるにもかかわらず、今日までの教員養成制度の改革をめぐる議論は、改革を強硬しようとする論理が、戦後改革の歴史的《事実》を無視し、教育職員免許法の改正のたびに国家基準を押し付け、戦後の教育改革の理念を否定する方向で、教員養成制度の改革が進行している。

こうした情況のもとで、「教育実習の改善という大義名分をふりかざして、開放制教師教育に事実上のとどめをさそうとした人々に対して、私たちはどうしても団結しなければならなかった」と長尾十三二教授（当時立教大学は『会報』（No.4）で述べているように、開放制教師教育制度の危機に臨んで、優れた私立大学教職課程担当者の勇気と英断によって全国私立大学教職課程研究連絡協議会（以下、全私教協）が設立された。

本章は、「全私教協」の設立の経緯とその理念を検討し、その貴重な遺産をいかに継承し発展させるべきかについて述べようとするものであるが、「全私教協」の設立に先だちもっとも大きな力となった「京都地区大学教職課程協議会」（以下、京教協）の存在を忘れることはできない。そこでまず、「京教協」の創設の経緯とその理念について述べることから始めたい。

先にも述べたように、教員養成の民主化の二大原則である「開放制教員養成制度」と「大学で教員は養成する」が、否定される危機に立たされている情況に抗して、その危機そのものを、教育実習問題その他、具体的にしつつ大学における教職課程教育の諸問題を、実践的・原理的問題に即して打開していく実践のなかから、「全私教協」という一つの運動体的性格をもつ研究・連絡協議会を生み出した。その鋭い感覚と英知と行動力から、二一世紀における私立大学の教師教育の創造的発展を構築しようとするものである。

第1節　戦後の教員養成制度の改革動向

わが国における戦前・戦後を通じての教員養成を歴史的に回顧してみるとき、私立大学が相互に知恵を出し合い、協力し合って教員養成の充実を企てようとする、全私教協の結成の意義はおおきいものである。

わが国の教員養成制度を歴史的にみると、周知のように、戦後教育改革においてもっともおおきな改革の一つである教師教育改革である。

戦前における教員養成の制度的根幹をなしたのは、師範学校である。とりわけ、小学校教員の養成は、一八八六(明治一九)年初代文部大臣森有礼によって、師範学校令として明確に制度化されたものであった。しかし、中等学校の教員養成は、多少事情が変わっていた。この時、同時に発足した高等師範学校を中心として行うものとなったが、小学校教員の養成と異なって、各種の専門学校・高等学校・大学などで教員資格を与える課程がひらかれていた。その点では、小学校教員の養成ほど閉鎖的ではなかったといえる。

一九三七(昭和一二)年の教育審議会の答申によって、一九四三(昭和一八)年三月、全国の師範学校はすべて官立に移管され、専門学校程度に引き上げられた。

敗戦直後の教育民主化の動きのなかで、師範教育に対する批判が国民のあいだに高まってきた。とくに、戦前における師範学校教育のもつ封建的性格への批判がみられるようになってきた。

戦後初代の文部大臣前田多門の要請で来日することになったアメリカ教育使節団は、その報告書のなかでかなり具体的な勧告を行っている。(1)

そのなかで教師の仕事は、子どものもつはかりしれない潜在的能力が十分に伸ばされるために、子どもたちに「自由の光」を与えることであり、そのような使命をもつ者としての教師はまた、自己の最善の能力を自由の空気のもとにおいてのみ現しうるものである、というのが、使節団報告書の教師論の中心であった。(2)

当然のことながら師範学校のあり方について、強い勧告をしている。教師養成の専門教育も高等普通教育レベルの教育の必要性が勧告されている。こうした使節団の勧告をうけて、新しい教員養成の制度を構想したのが、一九四六（昭和二一）年八月に創設された教育刷新委員会であった。(3) 教育刷新委員会における議論は、師範教育に対する批判から始まった。師範学校における教育が、真の学問研究の成果を将来教師となる学生に教授し、学問的精神を養うものではなく、たんに教えるための知識を身につけること、さらには偏狭な国家主義教育を徹底して教えるためのものであった。

これらが教育刷新委員会の委員の共通した認識であった。このような共通の認識のもとで一九四六（昭和二一）年一二月の建議がまとめられたのである。

その建議をみると、「教員の養成は、総合大学及び単科大学において、教育学科を置いてこれを行うこと」という建議は、《教員養成は学問的真実の探求の場である大学で行われなければならない》という基本方針と、《教員になろうとするものは、ひろく一般の大学の各学部から輩出してよい。ただし、教師として必要な特別の教養は、その大学の中の教育学科という特別の学科で提供する。教員養成だけを専一に行う大学や学部は設けない》という二

つの共通した原則が確認されたのである。(4)

こうして、戦後の教員養成においては、「大学における教員養成」「開放制にもとづく教員養成」という二つの原則が確立された。

戦後の教員養成問題を考える場合、われわれがまず確認しておくべきことは、何よりも戦前の師範学校における養成を廃止して、「教員の養成は《大学》において行う」という基本原則と、これにもとづいて教員の免許は、「教育職員免許法」（一九四九年五月制定。以下、教免法）に従った教職課程を設置している大学なら、教員の養成を行うことができるという「開放制教員免許制度」によるという原則が確立したのである。

こうして、教員養成制度と大学とは、制度上並立的に存在するのではなく、教員養成制度は「学問の自由」と「大学の自治」の保障に裏づけられた大学制度のうえに、その価値を尊重し、また必要とするものとして構想され、形づくられたものであることは自明の事実である。

この「教員養成は《大学》において行う」という原則を強調するのは、単に戦後教育改革で修学年限が延長され、また師範学校が学校教育法や国立学校設置法にいう《大学》に昇格したからという単純な理由によるものではない。戦後教育改革において、教育刷新委員会が戦前の師範教育の弊害を認め深い反省にもとづいて、あえて「教員養成は《大学》において行う」としたその意義を重視するからである。

「教員養成は《大学で》行う」というときの《大学》とは、各専門学部が統一されたような《大学》を意味するものであって、「総合大学のなかで教員養成を行う」構想（一九四八年七月二六日教育刷新委員会建議）であった。戦後教育改革のなかで考えられた《教員養成の仕事》と《教師・教職》にたいする評価は、それほどまでに高く重いものであった。「教員養成は《大学》で行う」という原則を言葉本来の意味でとらえるならば、教員養成のみを目的とする、いわゆる《目的大学》の思想が導かれるはずがなかった。しかし、その後の一九五八（昭和三三）年中央教育審議会答申および一九六二（昭和三七）年教育職員養成審議会答申等をみるとき、戦後の教師教育改革の基本理念の一つであった《開放制の教師教育制度》の否定に通じかねないような改革案の構想が提案され、それにもとづいて相次いで、教育職員免許法の改正が行われた。

こうした当時の状況を憂慮した山崎真秀氏は、《目的大学化》が教員養成にどのような影響を与えるかについて、次のような指摘をしている。「真に望ましい教師は、大学の自由で学問的な環境のなかで、自主的な学習・研究を通じて、学問を実感し、そして十分に広く開かれた進路選択の保障のもとで積極的に教職を選ぶ者に期待し得るのであって、われわれは、教員養成の現実にたずさわる者として、すでに顕著になった《目的》大学観の浸透が学生の教職への意欲を消極的なものとしつつあることに深い憂慮を感ずるものである。さらに、教員養成《目的》大学化は、地方における大学の学生や地域住民の要求にそむく結果を招いていることを、付け加えなければならない。たとえば、和歌山大学の如く学芸学部と他の一学部〈経済学部〉で構成される大学のある地域において、将来の進路志望が経済学関係でもなく、また家庭の事情などによって総合大学のある離れた都市への遊学ができない者にとっては、将来、教職を志望すると否とにかかわらず学芸学部に入学するという状況があり、事実特定の職業につくことのみを目的とするのではなく、むしろ、将来さまざまな専門職に進み得るための基礎的、一般的な広い教養や、あるいは市民としての高い教養と知識を求めて大学教育を受けようとする者にとっては、学芸学部こそはそれにふさわしい理念をもった学部であって、教員養成《目的》化は、かかる少なからぬ地域住民の大学教育への要求を損なうこととなっていたことが指摘されている。かくて、《目的》大学化は、大学の本来の目的・性格に反し、それは結局、教職の専門性にもそぐわず、地域住民の教育要求にもそむく面をもつものとなるといわざるを得ないのである。[5]」と述べて批判している。

さらにその後、「教免法」改正のたびに、教員養成カリキュラムの国家規準化が進められ、教員養成における教育内容統制が行われ、《目的大学化》が進められていく状況であった。こうしたなかで、私立大学における教員養成は、非常に困難な情況におかれたのである。しかし、こうした情況のなかでこそ、「開放制教師教育制度」の理念の堅持こそ意義深いものであった。

第2節　「京教協」の発足の経緯と教師教育における意義

「全国私立大学教職課程研究連絡協議会」は、一九八〇（昭和五五）年六月に早稲田大学において開催された創立総会で正式に発足した。発足にいたる経緯と理念を考察するとき、すでに教育実習の諸問題解決のために発足し活動していた、「京都地区大学教職課程協議会」（京教協）の存在をわれわれは忘れてはならない。この「京教協」は、「全私教協」創設の七年前に発足し、戦後教師教育改革の開放制教師教育の原則のもとに、各大学がそれぞれの建学の精神にもとづいて教員養成を行いながら、相互に情報交換・研究交流を組織的にして協議しあいながら、まずは、教育実習の諸問題の解決を中心に大学における教師教育の向上をはかることを目的とする協議会を創設させていたのであった。さらに、その淵源をたどれば、一九六三（昭和三八）年に溯る。この協議会の発足は、わが国における教師教育にとって画期的なできごとであった。そこで「京教協」の創設の当時の資料にもとづいて、なぜ、大学の組織的対応が必要であったのか、『京都地区における教育実習資料集』（京教協、一九七九年三月）によって、その経緯および理念について以下述べておきたい。

教育実習生の急増にともなう諸問題の解決のために、京都では、《関係機関》による協議会方式が成立（一九七三年七月）した。それ以前に、教育実習は教員養成において《理論》と《実践》の統一として、実習生が全人格を賭けて全力を尽くす活動の場であり、そして実習生自身の未来の職業選択を決定する貴重な機会である。そのうえ、教育実習校の児童・生徒にとっては掛替えのない学習の場であるにもかかわらず、《教育実習》は、教員養成のうえで重要な体験学習の場であるにもかかわらず、教育委員会も教育現場においても、さらに大学においてさえも、ややもすれば、やっかいもの扱いにされていて、教育実習の実施についての責任の所在が不明確であった。こうした情況のなかで、児童・生徒の急増にともなう教員需要の増加とあいまって、教育実習生の急増がおこり、それにともなう困難な教育実習問題が発生したのである。こうした情況を背景として、当時「教育実習」当番校であった龍谷大学加藤西郷教授が、京都における教育実習実施の責任主体を明確にするため、提案したのが関係機関による協議会方式であった。

当時の様子を加藤氏は、『京都地区における教育実習資料集』の中で、次のように回想している。

「当時私は、京都地区の教育実習当番校になって、いかに教育実習の実施について、その責任主体が教育委員会でもなく、実習校でもなく、大学にあるはずですがこれも不明瞭でした。私が『京教協』の創設の時に構想したものが、どのように進展し、具体化されたか、途中どのような障害が生じ、それを四者でどう克服したか、さらに四者協議方式を京都府下全域に拡げるために校種別の反省会を府下で実施する。さらに、府下教育長会議の代表者の出席も実現するなど発展したが、（中略）肝心の当事者である学生の四者協議会への参加を原則的には承認していながら、文書によるそれも内部資料に留めざるを得なかった。（中略）

また、近畿学長懇談会に二回、各大学で教師教育の問題を積極的に取り組んで欲しい旨の要望書をだしました。そうした活動をするなかで、教育実習問題の解決は一大学だけで解決できるような問題ではないことに気づき、少なくとも大学の組織的な取り組みが必要だと最初に発言したのは、一九七三（昭和四八）年の五月でした。（下略）」

その後、教育実習の諸問題を中心とした教師教育問題を検討協議する会として発展し現在に至っている。関係機関とは、京都地区大学教職課程協議会（京教協）、京都市教職員組合（市教組）および京都市教育委員会（市教委）の三者であった。その後、京都市小・中・高各校長会（校長会）が加わり、また「市教組」が高校の組合を加え「市教協」と改称した（一九七五年度）。

「京教協」は一九七三（昭和四八）年七月に発足するが、発足に至る経過は以下のようであった。京都では一九六〇（昭和三五）年頃より、教育実習は「市教委」を介して実施されていた。「市教委」は、①実習生数などの調整、②全実習生に対する「オリエンテーション」等を行っていた。そのため当時から大学間には、「市教委」との連絡窓口として「当番校」制がしかれていた。

一九七三（昭和四八）年四月、その年の受入れ方針の打ち合わせが、「当番校」となった龍谷大学と「市教委」の間で行われた。従来通りの方針が確認されるなかで、「オリエンテーション」については、本来各大学で行うべきものが統合されているにすぎず、参加は各大学の自主的判断に委ねられる、などという確認がかわされた。これは、単に「オリエンテーション」の位置づけが明らかにされたというだけでなく、当時の《当番校》がすでに従来の世話人的性格から発展して《大学側の機関的性格》をもちはじめたことを示すものとなった。その年の五月、大学関係者に対する「市教委」側の受入れ方針の説明会が行われた。大学側から「謝礼金を統一する必要はないのか」などという意見がだされ討議された。こうして各大学のなかに教育実習に対する組織的対応への機運が高まりつつあった。そこで当番校であった龍谷大学の加藤西郷教授から「大学の組織的対応の必要性という提案」がだされ参加大学から賛同を得た。こうして「京教協」発足の背景には、長年にわたる京都独自の「教育実習システムの開発」および大学側に設けられた「当番校」制の発展があった。

以上見てきたように、一九七三（昭和四八）年度当初には大学側にもすでに教育実習に対する組織的対応への認識の高まりがあった。しかし、それがそのまま組織の結成へと発展したわけではなかった。そして、その直接の契機となったのが、以下に見られる「市教組」「市教委」との関係においてである。一九七二（昭和四七）年の秋、教員の超過勤務などを規定した「給特法」とかかわってすでに「市教組」と「市教委」との間に、①教育実習は本務ではない、②将来の民主的教育者養成のために自主的に協力する、③手当の増額、民主的配分を行う、の三点が確認されていた。一方、大学側はその年五月、先の受入れ方針の説明会の席で、「市教委」から「市教組」との協議を示唆されることになった。その後、「市教組」の見解を聞くということで、五月下旬に「市教委」をまじえての三者の会合がもたれた。この会合のなかで、大学側ははじめて先の確認、および一九七三（昭和四八）年度の実習は三者合意のうえで実施するという確認があったことを知った。これらの確認は、大学側としても尊重されるべき筋合いのものであり、その席上で、①今後、教育実習は三者対等・平等の立場で合意のうえでおこなう、②だが、提起された諸問題の検討と大学側の見解をまとめるために一定の時間が必要、③今年度の実施については「市教組」の見解を基本的には尊重する、という三点が相互に確認された。こうして、「当番校」を中心として、大学の基本見解をまとめる作業と組織体結成の準備作業とが開始された。その結果、約二カ月後の一九七三（昭和四八）年七月一八日、教職課程を設置する京都地区二七大学すべての参加で結成総会が開かれ、《京教協》の発足となった。戦後の教員養成において、画期的なできごとであった。

第3節　「京教協」の創設の理念と合意事項

「京教協」の基本的理念は、結成の趣意書となった「教育実習について」に明確に現されている。全文を示すと次のようである。

「京都地区各大学は、昭和四八年五月二六日の協議において本年度の京都市立各校における教育実習に関し、各大学・市教職員組合・市教育委員会の三者の合意にもとづいて実施するという基本的な了解点を見出した。しかし、今年度は各大学の研究不足・整備不備等により、上記の合意に達しないうちに、従来方式すなわち、市教育委員会あるいは各学校当局とのみ連絡をとるというだけのまま、実習生をおくり出す結果となった。

本日、総会に参加した各大学担当者は、この点について努力が不足していたことを反省するとともに、これを機に、早期からの十分な準備をもとにおこなわれる協議方式が教育実習制度の民主的な改革にとって重要な試みであることを認識し、今後さらに三者が対等・平等の立場に立って、おたがいの組織の自主性を尊重しつつ、協力・協同の関係をさらに発展させて教育実習制度の改革にとりくみたい。

われわれは、この改革が教育基本法・教育職員免許法の基本理念に反しておこなわれてはならないことはもちろん、各大学の改革の精神を尊重して実現させて行かなければならないという認識のもとに、所属機関に必要な問題提起をしていく所存である。

以上を前提として、教職課程の改善と教育実習制度の民主的な運営のために京都地区大学教職課程協議会を発足させた。

われわれは今後、憲法・教育基本法の精神を現実のものにし、教職員の労働基本権、学生そして児童・生徒の学習権を尊重し、保障するという基本的方向で教育実習制度改革についての合意が得られることを心から望むものである。」

この結成の趣意書によって、今後の三者協議へ向かう大学側の基本的姿勢が確立された。そしてその後、三者の間で、協議の基本精神として、①憲法・教育基本法にもとづく民主教育を推進する立場でとりくむ、②児童・生徒の学習権、学生の学習権、教職員の労働基本権などを尊重する、③三者が対等・平等の立場で、一致点での協力・協同にもとづいてすすめる、そのさい相互の自主性を擁護し、不一致点については、ねばり強く話し合うという相互の信頼の関係に立ってすすめる、という三点が確認された。

次に、協議による《合意事項》の主なものは以下の四点である。

(1)「教育実習をはじめるにあたって」

わたくしたちは、日本国憲法と教育基本法に基づく真理と平和を希求する人間の育成を期する民主教育を進め、真に父母・国民の教育への願いに応える教師が一人でも多く育つことを期待し、積極的に教育実習を推進したいと考えています。

しかし、教職を希望する学生にとって、単位修得に必要な教育実習の場が現在のところ制度的に保障されておりません。そのために、実習生の受け入れについては、実習校の正常な教育活動に支障を生じたり、現場教師の負担を増大させるなど、多くの問題があります。

実習生は、受け入れによって生じるこのような困難な情況を十分に認識したうえで、教職員の熱意に応えるよういっしょうけんめいに児童・生徒の指導にあたってください。

さらに、実習生の心得として次の四点があげられている。

① 教育実習は将来教師となる強い熱意をもった人びとのために開かれたものであり、単に単位をとるためだけの手段ではありません。さらに、児童・生徒とふれあうことで、実践を通して、これまでに学んだ知識・技能を一層深め、身につける機会としてください。

② 教育実習生は、日本国憲法ならびに教育基本法に示されている教育の理念・目的を深く認識し、人権尊重の精神に徹し児童・生徒の全人格の指導者となるよう心がけてください。

③ 教育実習といえども、児童・生徒にとっては一時間がかけがえのない教育活動であるので、実習中は実習校の教育方針にしたがい、積極的に実習にとりくんでください。

④ 教育実習は二〜三週間という短期間ですが、実習評価の示す方向に向かって努力してください。

これは実習生への指導文書として作られたが、同時に教育実習に臨む関係機関の基本的態度を示したものであった。

(2)「教育実習成績報告票」等

この「評価票」の作成理由は、従来のものは各大学まちまちで、評価しにくい項目があり、事務的にも煩雑で実習生受入れをためらう一因であった。

実習の「成績」に関して、①最終責任は大学にある、②実習校での「成績」と大学でのそれとが異なった場合、互いに協議し解決していく、などが合意されている。

(3)「教育実習生カード」等

従来の「身上調査書」と呼ばれるものであったが、問題は、従来のものの記載項目に基本的人権にかかわるものがあり、実習生のプライバシー、思想傾向をたずねるものがある。記載事項の「必要性」の判断が各大学まちまちであった。

(4)「委託費」等

「委託費」の問題は、従来「謝礼金」などとよばれていたものの性格ともかかわって、「京教協」結成以来「協議」の中心課題の一つであった。

この協議会の創設の精神は、教育実習を単に実施できればよいということにとどまらず、教育実習を憲法や教育基本法の精神にもとづく。

第4節　日本教育学会での「京教協」実践の報告

「教育実習」は、大学における教師教育のなかで「教育理論」と「実践」を統合し、教師を志す学生に教育現場の諸問題を体験的に認識させることによって、あらたな教育課題の発見と自己の未来選択の場として教育学研究の重要な領域であるにもかかわらず、これまでの教育学研究では、ややもすると等閑視されてきた。

しかし、この「京教協」の活動は、日本教育学会第三三回大会（一九七四年広島大学）で「教育実習についての一提言―京都におけるケーススタディを通して―」（加藤西郷〈龍谷大学〉古寺雅男〈立命館大学〉他）によって報告された。報告の要旨は以下のようである。

「すでに、国大協報告書に指摘されているように、今日の教育実習には多くの問題がある。しかも、教育実習をめぐる状況の厳しさは、単に現象的な面での困難性にとどまるものではなく、実は戦後の教員養成制度の根本理念を侵し、ひいては大学の自治にさえかかわる危険性を孕む重大な課題を提示したものとして、われわれはこれを慎重に受けとめなければならない。（中略）

京都における教育実習の実施状況は、今日までに次の三つの時期（形態）を経過している。

①　各大学が個別に実習校に依頼して実習を行った時期

②　教育委員会が大学と実習校との間に入ってそれぞれの立場と要望を調整し、云わば交通整理の役割りをはたした時期

③　大学と教育委員会及び教員組合が、三者対等平等の立場で教育実習に関する原則的事項を協議しそれらを確認した上で実習にはいる。

京都では昨年より③の方式—われわれはこれを「京都方式」と呼んでいる—によって実習を行っているので、この方式を確立するに至った具体的経過と関係大学が参加して結成した「京都地区大学教職課程協議会」について報告する。「京教協」は、教育実習の問題を教員養成制度の本質にかかわる重大課題として、目下共同研究を継続中であるが、今日までの研究経過において明らかにされた共通の見解はおよそ次の通りである。

①現行「教育職員免許法」を維持していこうとするなら、文部省は、教職課程履修者に対し、教育実習のための場と機会とを保証すべきである。②そのためには、現場教員の授業時数の軽減、研修機会の拡大、その他、教育実習生受け入れを容易にするような条件設定に努力すべきである。③教育実習生指導を充実させるため、担当教員に対する特別手当の支給、その他、教育行政面での問題解決が必要である。

さらに、その翌年、日本教育学会第三四回大会（一九七五年、中央大学）で「教育実習にかんする諸問題(2)—京都におけるケーススタディを通して—」（加藤西郷〈龍谷大学〉古寺雅男〈立命館大学〉井上勝也〈同志社大学〉他）が報告された。報告の要旨は教育実習にかかわる実務的な処理だけにかかわらず、日本における教員養成の基本的諸問題についても意見を交換し、それらを通して教育実習の在り方は《開放制》を堅持する方向で実際的な立場から話し合いが深まり、合意にもとづいていること、さらに「大学からみた教育実習問題」の所在を明らかにし、教員養成に関する基本的問題を提起した。

これらの学会報告を通して、第一に、教育実習を大学における教員養成の重要課題として位置づけ、教育実習の大学における責任主体を明確にし、実施にあたっては、大学と教育委員会および直接指導にあたる実習校の教員の所属する教員組合との協議によって実施計画を検討し実施すること、第二に教員養成大学における教員養成課程と一般大学における教職課程とでは、国・公・私立を問わず、文部省の対応措置に相当の差異が認められるが、開放制教師養成の理念から考えれば、文部省は教育実習の条件整備をすべきであること、第三に、教育実習を教員養成制度の根本として位置づけたこと、第四に、憲法・教育基本法の精神を現実のものにし、教職員の労働基本権、学生そして児童・生徒の学習権を尊重し、保障するという基本方向で教育実習制度改革に取り組んだこと、最後に、教育実習を教育学研究の重要な一領域として位置づけたこと等があげられる。

以上、こうした「京教協」の長年にわたる努力の蓄積は、戦後の教師養成制度のなかで高く評価されるべきものである。同時に、「全私教協」の発足にその実績が継承され、戦後教師教育の原則である「開放制教師養成制度」の危機を救い、大学における新たな教師教育の途を拓く礎となったといえる。

第5節　「全私教協」の設立の経緯と開放制教師養成制度の堅持

1　「私立大学教職課程の諸問題を考える有志の会」の開催

「全私教協」の創設の発端は、一九七六（昭和五一）年八月、日本教育学会第三六回大会が早稲田大学で開催されたとき、「私立大学教職課程の諸問題を考える有志の会」（以下、有志の会）が開かれた。立教大学の長尾十三二教授の申し入れに、日本教育学会事務局長であった大槻健早稲田大学教授が応え、また、大会準備委員会側の迅速な対応によって実現した会合であった。このときの詳細は『私立大学の教師教育改革―十年のあゆみ―』に詳しく記述されている。この「有志の会」の呼びかけ人は、長尾教授をはじめ、古寺雅男（立命館大学）、大槻健（早稲田大学)、鈴木慎一（早稲田大学）の各教授であった。(6)

当時第二次ベビーブームによる児童・生徒の急増期に入って、教員の需要が急激に増大した。とりわけ、高度経済成長による大都市圏における人口集中はめざましく、小中学校および高校の増設は予想外であった。このような状況のなかで教員の供給は需要に間に合わない状態であった。

当時、新聞では「教育実習公害」等といわれ、教育実習生の増大、それにともなう教育実習校の確保が困難になり、大きな社会問題にもなっていた。とりわけ、私立大学における教員養成が十分な条件整備もないままに免許状を乱発して、教員としての力量をもたない者を教育現場に送り出している等の批判が一方でいわれていた。当時を振り返ってみると、教員希望の学生は増加し、教職課程担当者として実習校の確保のために事務担当者とともに、中学校・高等学校訪問をし実習生の受入れを依頼したことを思い出す。

そうした折り、この「有志の会」の呼びかけは、私立大学における教職課程教育の閉鎖的現状を打開するなんらかの方策を得られるのではないかと期待しつつ多くの関係者が参加した。

この会は、情報交換の形式で教育実習を中心とする具体的問題や原理的問題に即し意見交換が行われた。主だった話題は、次の四つであった。

① 「教育実習の改善に関する調査研究協力者会議」（文部省教員養成課私的研究委員会）動向（鈴木慎一）
② 京都地区大学の教育実習改善の取組み（古寺雅男）
③ 東京地区私立大学の教職課程問題検討協議の先例（太田 卓、木下法也、白井 慎）
④ 教育委員会の実習受入れ規制の実情（長尾十三二）

とりわけ、報告のなかで、古寺雅男教授の京都地区大学教職課程協議会の教師養成改革についての活動報告は、当日参加した多くの参加者に「驚きと、勇気づけ」を与えた。

「京教協」の取組みに関連しながら、太田卓、木下法也、および白井慎各教授から、東京都における私立大学の教職課程問題への取組みのケース、私立大学教職課程研究会の説明があった。この研究会は、一九六七（昭和四二）年二月に発足し、八カ月間の活動をもって終わった。そこでは、(1)「教免法」改正に関する情報交換、(2)教職課程認定（再認定）方式に関する情報交換、(3)教育実習手帳等教育実習関係資料の交換、(4)教育実習の進め方・教職課程科目開講状況・特別講座の有無等に関する情報交換等が行われた。

このような話し合いの後、「京教協」の活動の先例に倣い、できるだけ早い機会に全国各地区に同種の協議組織をつくることが望ましいという帰結になり、早稲田大学が連絡調整の事務局をつとめることになった。

2　関東地区協議会創設への努力と各協議会との連携

全国規模の私立大学における教職課程の緩やかな研究情報連絡網を編成するために、事務的調整センターとなった早稲田大学を中心として、関東地区の協議会設立が緊急課題となった。

そこで、「東京地区私立大学教職課程協議会」を発足させることをめざして、長尾十三二、菅野芳彦、太田卓、白井慎、小川勝治、野辺忠郎、鈴木慎一の各教授を設立準備委員として準備に取り組んだ。一九七六（昭和四六）年秋、設立に関するもっとも基本的な課題を検討している。それは、「開放制教員養成制度の意味あるいは理念」についてである。組織結成の中心であった長尾教授は、戦後教育改革の史実に照らしてみても、開放制教員養成制度という用語規定は見当たらないことの報告がなされた。この問題提起は、戦前の師範学校における教員養成と教師像についての評価をめぐる議論を誘導し、準備委員の間においても見解の違いを浮き彫りにした。論点は次の二つであった。

第一は、戦前の師範教育は、国策遂行の尖兵としての教師を生み、その意味で国が行った戦争について責任の一端を負うものである。この歴史的教訓に学び、師範教育の払拭あるいは否定から、教師教育の創造活動を出発させるべきである。

第二は、制度全体としてみると主に師範教育の否定側面があることは認めなければならないが、その制度の内部においてさえ、子どもを愛し優れた学校経営に遭遇した教師が育っている。全面的に否定するのではなく、優れたものは継承すべきである。

この議論は、今日においても教師教育の制度的・内容方法的改革にかかわるとき、避けて通れぬ基本的問題である。協議会発足を誘発した原因の一つが、教育実習問題であったが、教育実習の現状の評価も期間の問題で議論は分かれた。また、教育実習の青年の人格に及ぼす積極的影響に留意し、教職に就く、就かないとにかかわらず、教職課程を広く青年に開放して、できる限り多くの青年に教育実習を体験させることの必要性が提起された。

こうした準備委員会の議論は、後の全国協議会その他の活動方針などに直接映し出された訳ではないが、その後の協議会の基調を構築していくうえで意義深いものであった。

地区協議会としての発足が危ぶまれるほどの厳しい討論を重ねながら、一九七七（昭和五二）年七月二日に早稲田大学を会場として「東京地区私立大学教職課程連絡協議会」の設立総会が開かれた。この設立総会には東京都隣接各県の私立大学関係者も参加した。理由は教育実習問題を具体的に解決するためには、東京都だけでは問題が解決されないということであった。

この総会は、次の理由から設立準備総会に切り替えられた。

①　名称は「関東」を冠に据えること

②　連絡協議会とするのではなく、研究連絡協議会とすること

③　事務局・会長校を早稲田大学とする

この総会で「関東地区私立大学教職課程研究連絡協議会」（以下、関私教協）は発足することになった。発足にあたって、重要な決定が二点ある。第一は単なる「連絡協議会」ではなく、私立大学の教師教育の質的向上をはかるため大学相互の《研究》連絡協議会としたこと、もう一点は、協議会への加入を《大学》という機関単位で行うことを決めた点である。これは、すでに「京教協」の先例があったことにもよるが、《大学で教員を養成する》という戦後教師教育改革の原則のもつ意味が、大学内で十分に理解されておらず、教職課程がさながら傍流でもあるかのように低く大学内で位置づけられていることについての教職課程担当者の批判および、大学経営者はもちろん、大学教員全体に教師を養成することについての認識なり、自覚を深めてもらう意図が込められていた。

こうした地区協議会設立の準備活動が進行する傍ら、全国規模協議会の結成を目標とした各地区連絡の作業が進められ、一九七七（昭和五二）年九月に日本福祉大学で開催された日本教育学会第三七回大会において、全国私立大学教職課程連絡協議会（仮称）設立のための打ち合わせ会兼地区活動状況の報告会がもたれた。しかし、この準備会の後、正式に全国私立大学教職課程研究連絡協議会が発足するまでには、なお三年の歳月を要した。

しかし、この遅れは決してマイナスではなかった。設立に当初から深くかかわった右島洋介教授（関西大学）は、後日、このことを次のように回想している。

「全国組織のつくり方について、ともかく一挙に旗揚げして全国に呼びかける方式をとるか、各地区毎の組織化をまって連合的なものとして発足させるか、ということで、当初は委員間で若干のイメージの違いもありましたが、後者の方式をとったことで、今となってはたいへん良かったと思います。各地区がそれぞれの事情をふまえながら、まず地区毎にかたまっていくという努力の過程そのものに大変貴重なものがあったのではないか、と私たち阪神地区の経験を通しても感じるのです。この間に、教員養成乃至教師教育にたずさわるものの努力や悩みを、まさに公的なもの、みんなのものにして共有、共感する契機がつくられ、相互のきずなが生まれてきました。そうした各地区の組織を土台にして全国組織ができたので、多少時間はかかりましたけれども、この五月に発足したときには、すでにかなりの力と実質のある結合と連絡ができあがっていたと感じるのです。」(会報)

とりわけ、「教員養成乃至教師教育にたずさわるものの努力や悩みを、まさに、公的なもの、みんなのものとして共有、共感する契機がつくられ、相互のきずなが生まれてきました」。当時こうした会に末端会員の一人として参加していた筆者にとっても、どんなにか全国組織づくりの活動が、教師教育にたいする勇気と希望を与えられたかはかりしれない。

第6節 「全私教協」結成とその遺産の継承

1 全国協議会結成への努力

一九七八(昭和五三)年八月、東京学芸大学で日本教育学会第三八回大会の折りに開かれた全国私立大学教職課程連絡協議会（仮称）設立準備会では、戦前の師範教育の評価を巡る理解の違い、さらに、教師教育を巡る政策動向の評価などについて激しい意見のやり取りも交わされたが、提起されている問題について私学として責任ある対処の必要性を確認し合うことを通して組織づくりに積極的に取り組むことを再認識している。さらに、翌七九（昭和五四）年八月、日本教育学会第三九回大会の折りに、全国協議会の準備会が開かれ、各地区の情況報告や「教育職員養成審議会」の動向等が委員の一人である鈴木慎一教授（早稲田大学）から報告された。この会の様子は、長尾十三二教授（立教大学）が『教育学研究』（第四六巻三号）に寄せている。それによると、世話人代表の長尾教授の経過説明の後に、全国各地の情況報告が、次の各氏によってなされた。東北地区・三浦典郎（東北学院大学）、関東地区・長尾十三二（立教大学）、中部地区・山田順一（日本福祉大学）、京都地区・古寺雅男（立命館大学）、阪神地区・右島洋介（関西大学）、九州地区・塚本正三郎（九州産業大学）、その後、一昨年来推進してきた世話人を代表して、長尾教授が今後の方針について次の提案をした。

①早急に私学の全国組織を作ること　②この組織は、地区単位の加盟を原則とするが、地区組織未結成の場合は、個別大学の加入もありうること　③短期大学の加入については、慎重に検討すること　④明年（一九八〇年）四月には全国組織の発足を期すること　⑤この組織は、全国私立大学教職課程研究連絡協議会であって、《研究》の二文字を脱落させてはならないこと、を了承した。

全国組織に向けての、《会則》案の検討であるが、もっとも問題となったのは《開放制の原則》であった。その論点は、三点であった。

①　開放性と開放制の差異はあるのか、あるとすればそれは何か。

②　大学における教員養成の意味は何か。

③　文部省の基本姿勢は、開放制を守るものと考えてよいのか。

その議論の背後には、現状の教師養成制度をそのまま存続させていくことに大きな意義があると考える立場と、現状の制度の根本的な再検討と改革が必要だとする立場の違い、あるいは対立が潜んでいた。

2「全私教協」設立総会とその後の活動

設立総会の前日、一九八〇（昭和五五）年五月一六日に早稲田大学で、設立準備委員会による全国私立大学教職課程研究連絡協議会役員候補大学会が開かれた。関私教協幹事校会を中心にして作成された協議会設立の趣旨、会則、活動方針、予算案が検討された。

翌五月一七日設立総会が早稲田大学小野記念講堂で開かれた。議長団に栗原敦雄、古寺雅男、塚本正三郎を選出した後、設立準備委員会報告が長尾十三二教授によって行われた。

この会の設立総会で認められた一九八〇年度の活動方針は次の通りである。

「優れた教師の養成を求める各界の要請に応え、優れた教師教育を創造してゆくために、われわれは、各大学の教学の理念とそれに基づく教師教育の歴史と実践を尊重しながら、まず自律的な教師教育の改善改革に取り組み、同時に共通の課題に有効に対応するため協同の原則にのっとって地区協議会の設立を促進してきた。

幸い、我々のこの努力は関連する各界の理解を得て、開放制教員養成制度の下における私立大学の教師教育の個性的、積極的な発展について一つの展望をもつところまで歩み来たったと思う。今回、会則を整えて、各地区協議会の活動を基盤としながら、全国規模の協議会が発足したことにより、教師教育の現状認識と、課題解決の創造的努力と、それらに必然的に伴う学理的探究について、より効果的に相互の連絡を保ち、啓発し合い、全体として課せられた責任により良く応える条件が整えられたことは疑いない。」

このような考えに基づいて、一九八〇（昭和五五）年度の活動方針が採択された。

1　必要な主題について全国的な規模において研究活動を組織するとともに、各地区における研究活動の全国的交流をたすける。

2　各地区相互の情報交換を促進するとともに、主要な情報の全域的伝達を図る。

3　関係諸機関・諸団体との積極的交流を実現し、並んで全国協議会の趣旨、目標、成果等の周知を図る。

4　未組織地区の組織結成をたすける。

5　機関紙として『会報』を発行する。

そして、初代の全国私立大学教職課程研究連絡協議会の会長には、早稲田大学教育学部長桜井光昭教授、副会長には関西大学学長大西昭男教授が選出された。それに続いて、運営委員大学、代議員大学及び監事が選出された。

この総会には、全国の私立大学教職課程担当者が大きな期待を秘めて参加した。小野講堂は一杯の人々で熱気に溢れていた。当日の、総会の様子をメモにしたノートには、会場校を代表して挨拶をした早稲田大学教育学部榎本隆司教授の言葉が、とくに印象的であったと記している。それは次の二点であった。

第一は、「統制にたいして無力であった戦時下の苦い経験は、決して遠い日のことではない。その経験を踏まえて確立された開放制教師養成制度の意義を高く評価し、その原点に立ち返る必要がある。」

第二は、「今日、私立大学が教師養成の点で置かれている状況は極めて重大であって、それぞれが今後百年の教育のゆくえについて責任をより深く自覚すべき時である。」

この決意は、設立以来四半世紀を迎えようとしている今日、私たちはこの言葉の意味を再確認して、これから始まるこの世紀の「教育のゆくえについて責任をより深く自覚」して、子ども・父母そして国民の期待に応えうる教師教育に邁進しなければならないことを、強く感ずる。

さらに、会長・副会長の挨拶及び設立にかかわった方々の発言のすみずみに共通して、「戦前の教師教育についての深い反省のもとに、大きな決意と英断によって創設された民主的で開放的な教師養成制度が崩壊の危機に瀕していることを述べている」ことを強く実感することができた。

おわりに

こうして「全私教協」の発足の経緯と創設にかかわった方々の困難な状況を克服してきた実績を振り返るとき、その先見性と英断を痛感する。国の文教政策にたいして、開放制教員養成制度の危機を訴え、具体的には教育実習問題、各大学における教職課程の運営に関する問題から教職課程教育の原理・内容方法までの諸問題を克服し、新たな教職課程教育の構築を実際的に実現していく運動体としての全国協議会の設立は、わが国における教師教育史上画期的な出来事であった。今この協議会が存在しなかったならば、戦後教育改革見直しの反動的教育政策のなかで、戦後の教師教育の二大原則である「開放制教員養成制度」と「大学で教員を養成する」という原則は否定され、その代わり、目的養成制度と学問探究の自由な精神ぬきの使命感のみを強要されるような教員養成制度に改悪されていたであろうことは想像に難くない。そうした意味から、いまから四半世紀前に、全私教協という運動体的性格をもつ研究・連絡協議会を生み出した方々の英知と勇気と実践力を思わずにはいられない。

こうした精神の結実が、「全私教協」の教師教育および教師養成教育の運動体としての基本姿勢を示したものが、《態度表明》である。とりわけ、「第一次態度表明」《教師教育の在り方について―私立大学の立場から―》は、二一世紀の教師教育を創造していくなかで遺産として継承していくべきものである。とりわけ、あげれば次の三点に象徴される。

⑴私立大学が、教師教育という重要な国民的課題を、将来にわたって積極的に担ってゆくためには、建学の理想や教師教育の伝統を異にする諸大学が、個別的、孤立的に弥縫策を講ずるのではなく、広く全国的規模で情報を交換し、望ましい教師教育のあり方についての着実な研究成果を踏まえて、互いに啓発しながら、それぞれ自主的に教職課程の充実と改善につとめること。⑵開放制教師教育の理念の具体化として、教師をこころざす者は、研究と教育の自由が保障され、学問的精神の旺盛な大学において、教養教育、専門教育、および教職専門教育をうけるべきであること。⑶未来に向かって、子ども・青年と共に希望を語り創造していく、国民教育の発展的な再創造をめざすことが、あげられる。

本章のおわりにあたって、協議会の設立その後の発展に多大な貢献をされた長尾十三二、右島洋介、古寺雅男各教授、さらに鈴木慎一教授を筆頭とする設立準備委員の、この国の未来を担う教師教育への熱意と怜悧な分析力と強固な意志、そして優れた実践力に負うものであることを痛感し、こころから敬意をささげたい。さらに一九六〇年代後半からの京教協の実践を通して、こうした協議会の必要性と可能性をもっとも早い時期に日本教育学会研究大会で指摘し続けた、加藤西郷教授の存在をわれわれは忘れてはならない。

付記

(1) この論稿をまとめるにあたって、まだ残暑の厳しい九月初旬に加藤西郷龍谷大学教授にお目にかかり、「京教協」発足にいたる経緯をおうかがいする機会をもった。加藤教授は、体調の優れないなか酸素吸入器持参で、私の宿舎においでいただき、約四時間にわたって「京教協」創設のいきさつをおうかがいし、さらに貴重な当時の資料を拝見させていただいた。このことなしに、この論稿はこうしたかたちにならなかったであろう。この場をかりて、加藤教授にこころからの感謝の意をあらわし、一日も早く病気のご快癒を祈念するしだいである。

(2) なお、本稿は全国私立大学教職課程研究連絡協議会・第二三回研究大会（二〇〇三年五月二四日 明治学院大学）公開シンポジウム《二一世紀における全私教協の役割―その遺産と継承―》で報告したものに加筆したものである。そのため、とくに注はできるだけ省き、参考資料として最後につけた。

注および関係参考資料

（1） 戦後最初の文部大臣前田多門は、J.Dewey か Ch.Beard の手助けによって、戦後の日本の再建を実現しようとしていた。前田文相の期待した二人は高齢のため来日できず、George D.Stoddard を団長とする J.Dewey の弟子たちによって構成された「アメリカ教育使節団」が来日したのである。参照、拙著『戦後教育の源流』学文社、一九九四年、二八～三一頁。

（2） 「師範学校における教師養成教育」のなかで、「教育の理論と実際を発展させるためには自由を持たせるべきである」と述べ、日本における師範学校のあり方を批判している。『米国教育使節団報告書』文部省《文部時報》第八三四号（一一～一二頁）一九四六（昭和二一）年一月。

（3） 山崎真秀「現代における教員養成制度、改革の諸問題」『教員養成制度に関する資料』（一九七〇年）日本教育学会教育制度研究会・教員養成研究小委員会編、一一～一二頁。

（4） 「京教協」関係参考資料 (a)設立の経緯・理念に関する資料「京都地区大学教職課程協議会の発足について」（手書き資料）京都地区教職課程協議会 会長・加藤西郷（一九七三年八月三〇日）、「一九七四（昭和四九）年度教育実習参加申し込みについての説明書」京都大学教育学部（一九七三年一二月）、「一九七四（昭和四九）年度京都地区教職課程協議会総会資料：これまでの経過報告及び教育実習に関し、再検討を要する事柄」京都地区教職課程協議会会長 山田忠男（一九七四 年四月）、日本教育学会第三三大会（一九七四年九月）発表要旨及び資料、京教協実施「教育実習に関する調査報告（その一、二）（一九七四年九月）、「一九七四（昭和四九）年度教育実習反省会開催について（ご案内）」京都地区大学教職課程協議会加盟大学宛、京都地区教職課程協議会会長 山田忠男（一九七四年九月三〇日）、「四者による一九七四（昭和四九）年度教育実習反省会開催について（ご案内）」各府立高等学校長・各府下中学校長、京都府教育委員会教育長、京都府教職員組合書記長、京都地区教職課程協議会加盟大学宛文書及び会議資料、「臨時総会開催について」（一九七四年一一月）加盟大学教職課程担当課長及び教職課程担当教官宛、『教育実習反省会資料』、於・社会福祉会館（一九七四年一一月一五日）、「教育実習に関し、再検討を要する事柄」京教協運営委員校会議、於・同志社大学（一九七四年一一月二〇日）、『京都地区における教育実習資料集』京都地区大学教職課程協議会（一九七九年三月）、日本教育学会第三四回大会発表要旨「教育実習に関する諸問題(2)京都におけるケース・スタディを通して」（一九七五年九月）、(b)「京教協」の発展に関する資料、「京教協一九七七年（昭和五二）年度経過報告書」（一九七七年四月）、『一九八二年（昭和五七）年度京都地区大学教職課程協議会記録綴』・会長校龍谷大学（一九八二年度）、『ニューズ・レターNo.7』京都地区私立大学教職課程研究連絡協議会（一九八七年四月）、『資料 四者協議会の歩み』京都地区大学教職課程協議会（一九九二年四月）

（5）「全私教協」関係参考資料

『「全私教協」態度表明集（その1）』全国私立大学教職課程研究連絡協議会（一九八七年五月）、『教師教育研究』第一号、全国私立大学教職課程研究連絡協議会（一九八七年五月）、『私立大学の教師教育改革―十年の歩み―本編及び資料編』全国私立大学教職課程研究連絡協議会（一九九四年六月）

資料編

1　教師教育の在り方について（第一次態度表明）
――私立大学の立場から

全国私立大学教職課程研究連絡協議会

I　現状分析――問題点の指摘

わが国の私立大学は、戦後、いわゆる開放制の教師教育制度のもとで、国公立の一般大学（学部）とともに、初等・中等教育界に多くの人材を送り出してきた。この実績は、私立大学の教師教育において果たす役割が、もはやけっして、国立教育系大学（学部）の補完ではないことを、明示している。

しかしながら、一九七〇年代に入って、周知のようなさまざまの理由から教職を志望する学生が急増したため、教育実習をめぐって、一般大学とりわけ私立大学の教職課程に、きびしい批判が向けられるようになった。そしてこの批判は、開放制の教師教育制度に対して従前から各界の一部にみられた不信感をいっそう増幅させて、ついには開放制の理念そのものの否定にも通じかねない改革案を構想する人々まで現れるという、まことに残念な状況を生じさせた。これらの批判のなかには、開放制の教師教育制度についての無理解ないし誤解にもとづくものや、私立大学の教職課程に対する偏見に起因するものも、たしかに含まれてはいた。しかしながら、私立大学の側にもまた、きびしく反省すべき多くの問題点があったことを、われわれは率直に認めなければならない。

このような状況に直面しながら、私立大学が、教師教育という重要な国民的課題を、将来にわたって積極的に担ってゆくためには、建学の由来や、教師教育の伝統を異にする諸大学が、個別的、孤立的に弥縫策を講ずるのではなく、広く全国的規模で情報を交換し、望ましい教師教育の在り方についての着実な研究成果を踏まえて、互いに啓発しあいながら、それぞれ自主的に教職課程の充実と改善につとめることがどうしても必要であった。この目的のために、われわれは一九八〇年五月、すでに全国八地区（北海道、東北、関東、東海、京都、阪神、中・四国、九州）にほぼ同様の趣旨で設立されていた、私立大学の教職課程研究連絡協議組織をつなぐ本協議会を結成したのである。以来一ケ年にわたる地域及び全国的規模での相互の研鑽や、関連諸機関・諸団体との友好的な協議の積み重ねによって、われわれは教職専門教育の内容や方法の改革、とりわけ教育実習の事前指導の充実や評価方法の改善などに、予想以上の大きい実績を、各地においてすでに挙げつつある。

しかるに、このようなわれわれの努力にもかかわらず、政・財界や教育界の一部では、教師教育の早急な改革を望むあまり、実習期間の大幅延長とか、母校実習の禁止、あるいは国家試験や試補制度の導入など、現行制度の内面的な充実をはかるよりもむしろ対症療法的に、もっぱら制度面からの規制を急ごうとする諸提案が、依然強力に主張されている。われわれは、われわれ自身の経験や、これまでの研究成果に照らしてみて、この種の提案には多くの問題点があることを指摘しないわけにはゆかない。たとえば、実習期間の大幅延長論は、大学教育にふさわしい教育実習の意義や目的、内容や方法についての省察を欠いたまま、旧師範学校的な教育実習観を安易に踏襲しようとしている。つまり、大学の教職課程に速成的な「教師としての完成教育」を期待する傾向が強い。

母校実習の禁止論は、大学の指導責任が果たされにくいことを衝く点においては正当である。しかしながら、一方、多くの国立大学付属校が実習委託校として具備すべき一般的要件の検討を欠いている現状を放置したまま、母校実習の禁止だけを論ずるのは不用意かつ不公正のそしりを免れない。また、母校実習には、地域社会への親しみとか母校への責任感という、かけがえのない、まことに貴重な利点がある。われわれの調査によれば、中学・高校の教育現場には母校実習への有力な支持があることも付言しておきたい。

教員資格を認定するための国家試験の実施は、教職の専門性に対する社会の認識を確保するために、一見有効な手段とみなされるかもしれない。しかし、全国的な統一試験は、教師としての力量を適正に評価するために妥当なものとは言いがたく、また教師の資質の画一化を招きかねない。しかも、これを実施した場合、教師の地域的な需給計画に著しいアンバランスを生ずることは明白である。

試験制度がもし教師の専門的な力量の向上を期待する立場からのものであるならば、われわれもこれに必ずしも反対ではない。大学の教職課程が、「教師としての完成教育」を目指すものではない以上、教職遂行に必要な専門的な能力のいっそうの練磨が、採用後の研修によってなされねばならぬことは当然だからである。しかしながら、身分上の保障を欠く、いわゆる行政主導の試験制度は、研修のためというよりもむしろ淘汰を目的とするものであり、専門的職業人としての能力を見定めるのにふさわしい方策とはみなしがたい。

もちろんわれわれは、これらの諸要求が、教師教育の改革によって国民教育の充実を期そうとする強い願いに支えられたものであることを、十分に理解しているつもりである。しかしながら、たとえそうであるにしても、これらの諸提案は、その全体の傾向として統制的色彩が目立ち、教師や教職志望者たちの無気力化や画一化を招く恐れが濃いこともまた事実である。およそいかなる改善、改革の提案も、学問的研究の成果に立っておこなわれるべきであり、この要件を満たさない提言は、上に述べた幾つかの危惧に応えることはできないであろう。そして、もしかりにそれを強行した場合には、角を矯めて牛を殺す結果となりかねない。活気に富む、個性豊かな教師を教育界に送り出すことを、私立大学の重要な社会的使命のひとつと考え、これを有効に遂行するための研究活動に、現に取り組んでいるわれわれとしては、このような事態を、このまま看過することはできない。

とはいえ、われわれもまた、一部の私立大学がもっぱら営利の対象として教職課程を取り扱い、社会的指弾を招くに至った責任や、アカデミズムの美名に隠れて教職専門科目の充実、とりわけ教育実習の管理・運営をないがしろにしがちであった研究・教育上の不手際を、従来より以上にきびしく点検しなくてはならない。もともと本協議会は、このような問題状況に対する反省をも踏まえて、発足した組織だからである。

したがってわれわれとしては、この際、私立大学の教職課程がよりどころとすべき開放制教師教育制度の具体的な諸原則を再確認しながら、教師教育の充実、改善に向けてのわれわれの共通理解と、当面の努力目標をさしあたり以下のようなものとしてここに表明しておきたいと思う。

II　共通理解と共同の努力目標の確認―開放制教師教育の理念の具体化

(1)　教職を志望する者は、研究・教育の自由が保障され、学問的精神の旺盛な国・公・私立大学において、一般教育・専門教育及び教職専門教育を受けるべきである。これが開放制教師教育の基本的原則であり、一般大学（学部）と教育系大学（学部）とは、これを前提としてそれぞれの特質を活かしながら、ともどもによりよき教師教育の実現に向けて協力することができるし、また協力しなければならない。京都地区大学教職課程協議会（京教協）や東京地区教育実習研究連絡協議会（東実協）などの実践は、この意味で貴重な先例と考えることができる。

(2)　私立大学は、それぞれの建学の精神を活かす人間形成の理念や方法を、教職課程の教育の根底に置くべきである。建学の理想をさまざまな仕方で追究する教師たちや学生たちの集団が、大学の内外で、意図的に、あるいは無意図的に作りあげている自由な人間形成の場のもつ教育力こそ、私立大学における教師教育のもっとも重要な基礎であり、教師としての専門的な能力も、このような人間性の陶冶と相俟って初めて開花するものであることを、とくに強調しておきたい。

(3)　教職課程の教育は、このような基礎のうえに、さらに全学的な教学計画の一環として有機的に位置づけられるべきである。開放制のもとでの教職課程の教育は、たんに教職専門教育だけを意味するのではなく、一般教育と専門教育とをその必須の内容として含んで成立しているものであり、とりわけ教育実習は、これらの学習の成果が、初等・中等教育の現場で、実習生ひとりひとりの大学における全体的な人間形成の質とともに、総合的に吟味され、検討される機会とみなすことができるからである。

(4)　大学当局は、教職課程が、その教育的及び社会的責任を十分に果たしうるような管理運営体制を、実質的に整えるべきである。教職課程の履修指導の充実、実習希望者の資質や学力水準の向上、実習委託校との連絡協力組織の整備等に、全学的な責任体制をとり、いっそうの努力を尽くすことが、私立大学に対してはとりわけ強く求められているからである。なお、この場合、学生の所属する学部（学科）の教育的責任とこれに応ずる任務の分担を明らかにしておくことを忘れてはならない。

(5)　教職専門教育については、履修学生の自覚を促し、その学習意欲を向上させるためにも、早急に人的、物的条件の整備をはかり、授業内容の充実やその方法の刷新に努めるべきである。たとえば、教科教育法の単位が専門科目の単位によって読みかえられていたり、あるいは学習指導要領や指導書の単なる解説にすぎない講義がおこなわれていたりするようなことは速やかに改められなくてはならない。

なお、私立大学が教職課程の教育を充実させてゆくためには、それぞれの大学の全体としての研究・教育条件の向上が必須であるから、このためには私立大学に対する国庫助成は、いっそう強化されるべきである。

(6) 教育実習は、教職を志望する学生が、教師の仕事の実際に触れてみて、みずからの決意と適性とを最終的に確認するとともに、自己の人間的及び学問的未熟さを自覚して、あらたな学習課題を発見するための経験学習の場として、まず位置づけられるべきである。そして、この位置づけゆえに、教育実習は教職課程の教育にとって必要不可欠のものとなってくるのである。しかしながら、それは児童・生徒のかけがえのない学習環境に踏みこんでおこなわれるものであるから、関係者の格別慎重な配慮を必要とすることはいうまでもない。

(7) 教育実習の事前指導・訪問指導・事後指導などの在り方や、実習の期間・内容・方法等の問題については、この位置づけにもとづいて、大学間の共通認識を形成しながら、実習委託校との相互理解を深めてゆき、そのうえで各私立大学個々の、あるいは共同の自由な創意が活かされるようにすべきである。

なお、中央、地方の教育行政当局に対しては、実習委託校の教員の定数増その他、実習条件整備のために、可能な限りの方策を講ずることを強く要望する。本来ならば、すべての学校が実習委託校となりうるような人的、物的条件を整えることが、教育行政の課題であると、われわれは考えている。

(8) 教師の養成、採用（選考）、研修（新任・現職）等の諸段階には、それぞれ固有の意義と役割があるが、これらの諸段階を通じて、豊かな人間的魅力と、自由な学問的精神を身につけた教師の育成をめざす開放制教師教育の理想は、一貫して尊重されるべきである。私立大学の大学院等においての研修を望む現職教員も少なくない現状に鑑み、教育行政当局は、この希望が、教育系大学（学部）の大学院等における研修の場合と同じ身分保障のもとで、かなえられるように配慮すべきである。教師の実務に習熟するためには、医療、法曹等の専門職と同じく、就職後も、定期的もしくは不定期的に、高度かつ多面的な研修を必要とするが、その場合、教師に幅広い研修の自由が認められているのでなければ、開放制の理念が真に活かされたことにはならないからである。

なお、教員の選考方法や採用手続等についても、開放制の諸理念や実績を十分に尊重しながら、専門的職業人たるにふさわしい人材を見定めるように、一段の配慮を求めたい。

Ⅲ　基本的課題――国民教育の発展的な再創造をめざして

以上述べてきたところからも明らかなように、大学における教師教育の充実と改善のために、われわれが共通理解を深めながら、共同して努力しなければならぬ課題は、依然としてなお多く残されている。しかしながら、これらの諸課題は、いうまでもなくわれわれの力だけで解決できるものではない。そのためにもわれわれは、国公立の一般大学（学部）や教育系大学（学部）、教育行政当局、その他もろもろの関係諸機関、諸団体との意見交換を、地域レベルで、あるいは全国レベルで、活発におこない、よりよき教師教育の実現に向かって、互いに啓発し協力し合えるような機会や組織を、今後も積極的に設けてゆきたいと考えている。

思うに大学の教職課程は、これをかつての師範学校のような、計画的な教師供給のための制度とみなすべきではない。開放制の教師教育制度は、国民教育の全体としての発展的な再創造のための組織として、その機能を評価すべきである。もともと教師教育における開放制とは、教職への進路選択の可能性を広く保障するための制度でもあった。教職への道は、意思と適性と能力とを具えた者に、つねに大きく開かれていなければならない。したがって、教職課程を履修して教職に就こうとする学生が多く存在することは、それ自体としては、けっして非難さるべき事柄ではない。しかも、教職課程の履修は、学生たちにとって、教育問題への理解を深め、識見を養う機会となる。とくに教育実習は、これを経験したほとんどすべての学生が一致して認めているように、教師の仕事のむずかしさを知り、教職への敬意を深める契機となるばかりでなく、かれら自身にとってもまことに貴重な人間修行、自己変革の場である。してみると、教職課程の教育は、かれらが将来、かりに教壇に立ち得なかったとしても、少なくともかれらが家庭の聡明な父母として、あるいは地域の教育を支える住民のひとりとして、とりわけ学校や教師の仕事のよき理解者として、国民教育を支え、充実させてゆくための貴重な素地を作り上げていることになる。また、専門職としての教職の社会的地位を、将来、本当の意味で高めてゆくための基盤は、このような教師の仕事のよき理解者たちであることを思えば、この層を厚くすることの意義は測り知れず大きいと言わなくてはならない。

このような視点に立って、大学における教師教育の意義を考えてみると、われわれはまず、この教師教育の目的、内容、方法、制度政策等の全体にかかわる教育学の研究及びその教育の刷新という課題に直面することになる。そして、現代社会における人間形成の諸条件を考慮すると、教育学の研究及びその教育の刷新というこの作業は、単に学校教師の職業的教養としての教育学についてだけ考えるのではなく、広く国民の一般的教養となりうるような人間形成の学としての教育学の探究を、その必須の前提としなければならないであろう。そのような人間形成の学としての教育学の探究を、教師教育のための理論的な基礎作業として進めながら、教職課程の教育を充実させてゆくことが、大学教育自体の自己変革のためにも、また国民教育の全体としての向上のためにも、必要であるとわれわれは考える。私立大学が教職課程の認定をうけ、教師教育という国民的な課題を担おうとする以上、われわれはこのような地道な努力を粘り強く続けてゆかなければならない。この努力をみずからに課する決意において、われわれは、私立大学における教師教育へのいっそうの支持と協力とを広く各界に訴えるものである。

一九八二年五月一五日

2　教育職員免許法改正とわれわれの課題
――私立大学の立場から

全国私立大学教職課程研究連絡協議会

まえがき

登校拒否、校内校外の暴力、傷害事件、そして自死と、子ども・青年の発達が危機にさらされていることを告げる事例が、依然、数多く報じられる。他方、子どもも青年も、試験・受験の準備に埋め尽くされたような生活に追いやられ、それぞれの発達に役立つような契機を積極的に選択することが出来ない。この状況は、克服を急がなければならないと指摘されて相当の時間が経過したにもかかわらず、未解決のままである。

生きる目当てを切実に探し求める子どもや青年に対して、体罰や、校則強化をもって応える管理主義教育が勢いを増しつつある。この傾向のなかで、古い日本の社会に人材配分機構として機能してきた教育は、再び、高度産業社会、情報化社会という新しい社会に、子どもと青年を配置する機構として機能しようとしている。臨時教育審議会以降とられてきた一連の教育政策の下で、子どもと青年とは、それぞれの発達の危機を未解決のまま抱えて、大人たちがあらかじめ書き上げた文明や文化に適応することとを強いられ、一人々々の人生を一人々々の持味を活かして生きるという、最も根本的な人間的要求をもその実現を拒まれるようになるのではないか。

かつて国際社会では、一九七〇年代の初め頃、社会経済発展計画の実施に当たり、そこから生じる様々な問題を視野に収めつつ、多くの人々の参加を計画立案から実施過程にまで求める主張や運動が行なわれたことがあった。その趣旨は、一部のひとや、一部の国による、〝未来の植民地化〟を回避しようとするところにあった。日本の教育政策と教育の現状を検討する際、国際社会の関係者のそのような洞察と努力とを思い起こし、現代文明と文化の文脈のなかで、子どもと青年が置かれている状況を子どもの側青年の側から見直すことが必要ではないかと思う。

一方、日本の政治過程において、平和・人権という憲法が掲げる理念を形骸化したり、統治の機軸を巡り、国民主権の空洞化を企図するかのような動向が見える。「戦前」と「戦後」を連続的なもの等質的なものとみる歴史観は、憲法に記される世界史的人類史的価値を拒否する政治姿勢に共通な特徴であるが、そのことは教科書検定の実際において、また、臨時教育審議会以後の教育課程審議会答申と学習指導要領改定において、国家主義的傾向として顕在化してきた。この過程でも、大人たちがあらかじめ選択した秩序に子どもや青年を従わせていこうとする傾向が著しい。

このような状況の下で、教師が英知を絞って危機的な教育現実に取り組むことを助け、子どもと青年の心に触れる教育実践者に教師を育てていくような教師教育とはどのようなものであろうか。大学はそのことを問われて既に久しい。わたしたちは、教師教育に係わる私立大学として協議会を結成して以来今日まで、国民教育の発展的再創造を願う立場から、開放制教師教育の歴史的意義を幾度も確認し、大学内外において直面した課題・問題の解決に努力してきた。第一次態度表明から第七次態度表明に至る協議会の公的発言は、そのような自律的な教師教育改革運動の中から生み出された成果の一端であった。一九八八年二月に行なわれた教育職員免許法改正案の国会上程に先立ち、一昨年来、協議会内部にワーキンググループを設けて、前教育職員免許法と教育職員養成審議会による改正案による改正案を研究してきたが、その成果とそれに基づく協議会内部の討議を踏まえて、わたしたちは、今回の免許法改正が国民の求める教師教育改革に繋がるものであるか否かをさらに厳しく検討することにした。ここにその検討の結果を明らかにする。

然しながら、翻って私立大学による教師教育の現状を直視する時、これまでの意志的意欲的な改革への取組みと実践にも拘らず、依然未解決のままに在る問題や課題が少なくない。開放制の下における私立大学の教師教育の一層の充実と発展を求める立場から、喫緊の検討事項を併わせて指摘する。

Ⅰ　教育職員免許法改正の経緯と動向

大学を特定せず、原則的に大学で教師の養成を行なうとした戦後日本の教師養成・免許制度、即ち開放制教師養成制度は、現在、その実質的崩壊という制度成立以来最大の危機を迎えている。これまでのこの制度は、必ずしも順調な歩みをたどってきたわけではない。むしろ歴代の政府および文部省の施策によって、幾度も危機的状況に追い込まれながら、ともかくその基本的理念と性格を維持してきたというべきである。然し、今回の法改正は、政策的には制度を改編し、大学における養成と開放制という基本原則を大きく変更しようとするもので、戦後の民主的教育改革と深く係わってきた教師養成・免許制度をその根底から覆す内容を含んでいる。その意味で、前教育職員免許法の成立時から今回の改正に至る経過を概観しつつ、今回の法改正が戦後の教師養成・免許制度史上いかなる意味を持つものであるか、更にはいかなる意図と目的が込められているかを検討した。

(1) 教育職員免許法改正の経緯

戦後の教育改革の進展のなかで制定された免許法は、新たな構想に立ち、徹底した免許主義・免許行政の他方委譲・現職教育の重視という原則の他、大学における養成と開放性という原則を選択した。この、年限と単位数という客観的合理的基準によって、一定の条件を満たした者すべてに教師としての資格取得を開放するという原則は、戦前の制度に認められた学校差、あるいはし意を一切排除したもので、古い教師養成、免許制度の考え方を根底から覆した画期的なものであった。

その原則の下で制定された免許法は、一九四九年の公布・施行以来四〇年の歴史を持っている。この間、一〇数回の法改正が行なわれた。その主要なものは、先ず(1)一九五三年の改正で、当初の完全な開放制から、教師養成課程は文部大臣が定める基礎条件を満たす必要があるとする課程認定制度へ移行した。(2)ついで一九五四年の改正では、校長・教育長・指導主事の免許状と仮免許状が廃止され、高等学校一級普通免許状取得の所要資格について大学院・専攻科における履修が必要になった。教諭・養護教諭の免許状上進については経験年数によって履修すべき単位数が軽減され、二級普通免許状所有者は在職年数（一五年）を基礎条件として一級普通免許状を取得することができるとされた。そして、大学における最低履修単位数が変更された。(3)一九六八年、免許状授与権者が都道府県教育委員会に一元化され、(4)一九七三年には小学校教員等の資格認定試験制度が導入され、一般教育科目の最低履修単位数及び単位習得方法に関する規定が削除された。以上の経過を見ると明らかな通り、一九五四年の改正後は、免許状の種類・免許基準という免許制度の根幹に触れる改正は行なわれておらず、免許法の基本的理念と性格は引き継がれている。

(2) 教育職員免許法改正の動向

三〇数年間、基本的改正が行なわれなかったのは、政策側にその意図がなかったということではない。何度も制度改編が構想され、政府及び文部省において制度改編が試みられてきた。構想のあるものは既に実現しているものもあり、また政府側の検討課題として引き継がれてきているものも少なくない。今回の改正の基礎となった臨時教育審議会「答申」と教育職員養成審議会「答申」もその延長上に位置付けられ、その意味では、それらは戦後三〇数年間、政策側が一貫して懸案としてきた諸問題を一気に「解決」しようとするものといえる。

振り返って見ると、種々の改正提案のなかでも、一九五八年の中央教育審議会の「答申」は、その後の教師養成・免許制度「改革」を方向付けたものとして重要である。そこには、国が設置または認定した教員養成大学で小・中・高校の教師の大部分を養成し普通免許状を授与するが、一般大学卒業者には国家試験合格後仮免許状を与え、所定の実習・研修を経て普通免許状を授与するというように、教育系大学・学部と一般大学の間に差別を設け、教師養成に係わる大学の再編成を促すほか、免許状授与権者を国に移すとして、教師養成制度に関する国の権限強化をその内容としていた。いわば、国家主導による目的養成と閉鎖制への制度原理の転換を意図するもので、「戦後教育改革」の見直しを図るものであった。このときに示された「改革」の基本的構想は、「検討課題」としてその後の教育関係審議会に引き継がれ、今回の改正のなかにも盛り込まれているといってよい、以下、今回の改正に係わる主要な政策提案について、その後の動向も含めて要約しておく。

① 学歴に応じた免許状という改正提案は、一九五八年の中教審「答申」に基本的な考え方が出ている。それが具体的になるのは、一九六六年教養審「建議」で、修士・学士・短大卒の各基礎資格に応じた三集類の免許状を設けるとする案が出されてからである。一九七二年の教養審「建議」で、より具体的に上級・普通・初級という名称が付され、その後、一九八三年教養審「答申」で特修・標準・初級となり、今回の改正で専修・一種・二種となった。名称に変更はあるものの、考え方は基本的に一貫している。

② 在職年数（一五年）を基礎とする免許状上進制度の廃止案は、一九六六年数養審「建議」、一九七二年数養審「建議」等で提案された。それは一九六〇年代以降の現職教育制度の整備すなわち行政研修の強化と呼応している。

③　免許基準の引き上げは、一九五八年中教審「答申」で開放制から閉鎖制への転換が企図されて以来、懸案とされてきた。教員養成系大学・学部とその他の大学・学部に分けて教育課程の基準を示した一九六五年教養審「建議」、それに基づいて免許状取得のための最低履修単位数等を提案した翌年の教養審「建議」を経て、一九七二年の教養審「建議」で既に今回の改正の基礎となる提案が行なわれた。すなわち、教科専門科目の単位数増加と甲乙教科区分の廃止・教職専門科目の領域指定化と各領域の区分の仕方・及び単位数（例、教育実習六単位）等々の内容（中等教員の場合）は、既にその時点で基本構想が出来上がっており、それが一九八三年及び一九八七年の教養審「答申」へ受け継がれ、今回の改正に引き継がれている。

④　教師養成・免許制度の「弾力化」の名のもとに提案されてきた特別非常勤講師制度・特別免許状の創設・教職特別課程の設置は、社会人活用と表裏一体で考えられている。それは、高等教育再編という方針の下に、教員養成大学を職能大学として位置付け、社会人を受入れるために検定制度の見直しを提案した一九七一年の中教審「答申」に基づいており、その後臨時教育審議会提言と今次の教養審「答申」をへて具体化されたものである。

(3)　教育職員免許法改正の意図と目的

以上のように、この三〇数年来の政策側の改革提案は、開放制教師教育制度をいかに形骸化するかという点で一貫している。当然ながら、そこには一般大学とりわけ私立大学が教師教育に果たしてきた役割、及び、大学における教師教育の充実と改善のために取り組んできた努力を積極的に評価しようとする視点は皆無である。そうした改革提案の問題性について、わたしたちは既に第六次態度表明でも指摘したが、免許法改正の背後には「開放制教師教育の理念と原則」の発展にとって障害ともいえる政策が含まれているように思われる。以下、その意図と目的について言及しておきたい。

戦後民主教育を見直し、教育の新たな国家統制への道をたどり始めた一九五〇年代以降の教育政策のなかで、教師教育政策も次第に国家主義的色彩を強めてくる。その具体的契機となったものは、一九五八年の中央教育審議会答申であった。それに続く経済主義的教育政策のなかで、後期中等教育の多様化を中心とした学校制度再編が進められた。それと対応して、教師の管理体制が強化され、教育系大学・学部の目的養成大学化を中軸とする教員養成制度再編成が構想された。

然し、一九七〇年代には、経済主義的教育政策とりわけ後期中等教育多様化政策の破綻が明かとなり、綻びを高等教育段階で繕う姿勢が顕著となる。それを方向付けたのが一九七一年の中央教育審議会答申であった。その重点施策は高等教育の多様化にあり、五種の高等教育機関を提唱していたことは記憶に新しい。もちろん、それは後期中等教育段階以下の教育の多様化を含めて構想されており、依然としてハイタレントの早期発見とその育成が中心的な狙いであった。その内実は六〇年代以降の教育政策の延長であり、その集大成であった。教師教育政策もそうした教育政策の中に位置付けられ、行政研修の強化とともに教師養成・免許制度の目的養成化と閉鎖への制度改編が急がれた。然し、この間、オイルショックによって変更を余儀なくされた高等教育政策は、青年の多くを私立大学部門に委ね、教職課程履修希望者の増大とともに所謂「ペーパーティーチャー問題」を派生するに至る。しかし、そのことが目的養成と閉鎖制へ「改革」する理由とされ、また、教育政策によってもたらされた筈の「教育の荒廃」も、当の教育政策自体の批判不在のまま教師に責任が転嫁され、更には教師の養成を行なう大学にまで攻撃の矛先が向けられたのである。

一九八〇年代の教育政策は、「戦後教育の総決算」という言葉に象徴されるように、従来の〝教育政策〟の総仕上げを意図するものである。臨時教育審議会答申及び教育職員養成審議会答申が教師教育政策の諸課題として掲げたもののほんとんどが、従来からの政策側の「検討課題」を引き継いでいることは、その証左である。その諸課題の一部が既に実現をみていることはなおざりにできない。

今回の免許法改正の背後に潜む政策意図と目的が、「個性重視」という臨時教育審議会の提案とは裏腹に、教師教育に関する国家基準の強化と教師に対する行政研修の徹底を通じて、教師の画一的非個性化を図ることにあるとすれば、それは、教職を専門職集団として位置付け、その自律性を高めようとするものではなく、むしろ、政治的権力への随順を求めようとするものである。

Ⅱ　教育職員免許法改正の問題点

前章で述べたように、今回の免許法改正は、従来から各種審議会等によって企図されてきたものに加え、臨時教育審議会の提言を含めた大幅な制度改変である。開放制教師教育の理念と原則に照らして無視できない多くの問題を持つので、以下、その要点を指摘したい。

(1) 免許状「種別化」の問題

従来、普通免許状は一級免許状と二級免許状に分けられてきたが、大学卒業の者で二級免許状を持って義務教育学校の教職に就く場合があり、また、一五年在職経験で一級免許状への上進が可能であったから、事実上、級差が教職員間に差別感覚をもたらすことがほとんどなかった。このことは高等学校においても同様である。

これに対し、新たに「専修免許状」が設けられ「一種」「二種」合わせて三種類の免許状が幼稚園から高等学校まで全校種に適用されるようになった結果、免許状の性格に基本的な変化がもたらされようとしている。後述するように一五年在職経験で免許状が上進する制度が廃止されることと合わせて、免許状の種別化は学歴別「階層化」の性格を強めることになるからである。

専修免許状は、もともと一九七一年の中央教育審議会答申が、教員の職階制強化策を主張するなかで、「高度の専門性をもつものに特別の地位と給与を与える制度」として打ち出し、翌七二年の教育職員養成審議会建議が上級免許状として提言した考えに基づいている。専修免許状の新設は、学歴＝免許状別により教師間に無用の上下関係を持ち込み、差別意識を助長することは必定である。本来、基本的には対等平等の関係で交流し共同しながら力量を向上させていくべき教師集団を分断するばかりか、子どもや親たちの間にも教師に対する偏見を生ぜしめるおそれが少なくない。

また、専修免許状は、課程認定を受けた大学が、なんの格付けもなく平等な立場で教師教育の任に当たる開放制教師教育制度の本質を基本的に歪めるおそれが強い。専修免許状のために大学院を組織し運営することは、国立教育系大学・学部にとって極めて有利であり、とりわけそのために設置されている新構想教育大学大学院が最も有利な位置にある。新構想教育大学大学院の性格について、かつて、国立大学協会教員養成制度特別委員会がその報告書（一九七四年一一月）のなかで、「（結局、それは）教員人事行政の手段と化し、大学としての本来の性格を失って、一種の教員研修所に堕することを依然として懸念せざるをえない」と批判したことを、ここで、想起する必要があろう。

専修免許状は大学の専攻科でも取得することができるようになっているが、実際には、教育に関する専攻科は国立教育系大学・学部に集中しており、この場合も一般大学としての私立大学は極めて不利である。

専修免許状所有者の多くは、かくして、新構想教育大学大学院をはじめ、国立教育系大学・学部の大学院ないし専攻科修了者により占められることは必定である。である。それが、幼稚園から高等学校まですべての校種にわたり、一九七一年中央教育審議会答申のいうごとく学校内における「特別の地位」すなわち管理職的地位を占めるようになることは当然の成行きである。

これは将に戦後開放制教師教育制度の大転換であり、戦前の師範学校、高等師範学校を中心とする教師教育への回帰であるといっても過言ではない。

(2)　免許基準引き上げの問題

今回の法改正では、教科専門科目及び教職専門科目についてそれぞれ単位数増加が行われているが、その具体的履修方法を規定する文部省令については教職員養成審議会答申において既に示されたものが適用されると思われるので、それに基づき論及したい。

①　「教科専門科目」については、中学、高等学校（一種）の場合、すべての教科について四〇単位を必修としている。しかし、広域教科と狭域教科の区別を廃止した理由を明らかにしていない。小学校では新設の「生活科」を含めて9教科全科目を必修としている。これは小学校課程を置く多くの国立教育系大学・学部がピーク制（特定教科の専修制）をとり、小学校でも教科の専門性を重視している動向に逆行している。必修化は前教科教材研究（教職員専門科目）の必修と合わせて、益々断片的な知識技術の詰め込みを強化し、小学校教師の深い学識形成を更に困難にする。断片的学習の弊害について国大協特別委員会が指摘した趣旨（一九七四年報告書）にも反するものである。

②　「教職専門科目」については、中学、高等学校の場合には一四単位から一九単位に増え、小学校では三二単位から四一単位へと大幅に増加している。第一の問題点として、学問的根拠もなく、このように免許基準に関して単位増、科目増を行うことは、大学がそれぞれの教師教育理念に基づいて創造的に行なう個性的なカリキュラム編成を困難にするものである。とりわけ、教育系大学・学部と異なり、それぞれ専門の学部・学科を持ち、大学としての適切な履修単位の原則に基づき独自の専門教育カリキュラム（教職課程としての教科専門科目や教職専門科目と一致しないものを多く含んでいる）を有しながら、一般教育と教職課程教育との総合によって教師養成を果していく一般大学の立場を無視ないし軽視しているといわざる

をえない。

第二には、省令による科目指定によって大学における教師教育の内実への行政介入のおそれがすこぶる大きいという問題がある。まず、教職専門科目の一部が従来の科目指定（教育原理、その他）から「教育の本質と目標に関する科目」その他の領域指定に変えられている。一九七二年の教員養成審議会建議が既に示した考え方で、教職教育の内容に弾力性をもたせ、大学独自にそのあり方をより深く探究する余地をもたせているという意味で考えれば、一応評価すべきものであるもののように思われる。然し、わたしたちが第二次態度表明で提案したような、教育学とその研究の体系に基づく領域区分とは微妙で、かつ重要な差異があることを指摘しなければならない。たとえば、わたしたちの案では、「教育の本質と目標に関する科目」ではなく「教育の本質と目的の研究に関する科目（下線引用者、以下同様）である。「教育に係わる社会的制度的経営的事項に関する科目」ではなく「教育制度・政策の研究に関する科目」なのである。教育職員養成審議会案が、やや体制化された「目的」や「政策」を自明の理としているように見えるのに対して、わたしたち大学の側はそれら自体をも研究の対象としていること（それこそ大学として本来の立場である）に気付くであろう。こうした領域指定による具体的な科目指定については、行政側のし意的な介入を排し、あくまで大学の主体性を堅持していくことが肝要となる。

更に重大と思われることは、「教育課程に関する科目」六単位（小学校では教材研究に相当するものを含めて二二単位）の指定である。これは教科教育法に関する科目、道徳教育に関する科目、特別活動に関する科目とされているが、教育職員養成審議会の審議経過や答申文をみると、それらは明らかに学習指導要領による教育課程の領域に相当し、かつ、学習指導要領に忠実な講義内容を大学に要請したものである。大学はもともと学問研究の立場から、学習指導要領を知識としては学習者に提供するにせよ、それを自明の理として扱うのではない。あくまで、批判的探究の精神に立ち教育課程自体を研究し創造するための教育を行うところにその本旨がある。今回の科目指定は、そうした大学における教師教育の本質を損なうものを含んでいることに十分注意する必要がある。

「生徒指導」二単位の科目新設については、これまでの教職課程教育のなかで、児童生徒理解やその指導に関する部分が十分であったか否かを自省することにやぶさかではない。然し、この問題も本来は大学側自身のカリキュラム編成や教授内容の工夫に委ねるべきものであろう。ことに、その名称を「生徒指導」として法的に固定し制度化することについては、重大な異論があることは学界の常識である。日本では、大学等の研究者と初等・中等学校の教師による理論的実践的な「生活指導研究」が長年に渉って積み重ねられてきており、「生活指導」という科目指定がそのような学問的背景を無視したり実践的視点を損なうことのないよう厳重に注意する必要がある。

「教育実習」は、中等学校の場合、一九八三年の改正案に比して、三単位と小幅な単位増となった。これは「初任者研修制度」の発足と対応していると考えられるが、わたしたちはそのことに拘わらず大学独自の立場で、その位置付けと内容の充実を図ることが更に一段と強く要請されると思う。

(3) 免許状上進制の問題

下級の免許状を所有する者が上級の免許状を取得しようとするとき、最低在職年数を越えた年数に従って必要とされる単位数を逓減する措置は従来からとられてきた。然し、改正以前は各校種とも一級免許状に上進する場合、在職年数が一五年を越えた者については単位取得を要しないことになっていたから、免許状の上進制について、臨時免許状から二級免許状への上進の場合を除くと、単位を履修する機会と機関について必ずしも深刻な問題を引き起こさなかった。然し、今回の改正によって幾つか問題となる事態が生じると考えられる。

① 今回の改正で、在職年数に応じた修得単位数逓減の措置が講じられているが、二種免許状を一種免許状に上進させるためには一二年間の勤務後、三年以内に一〇単位を履修しなければならない。そのことを怠ると一種免許状取得のための単位の軽減措置は講じられなくなる（幼稚園の場合を除く）。ほとんど強制的である。この場合、単位を修得する機会と機関はどういうことになるであろうか。法令は単位の履修場所を「大学」としている。然し大学において単位を修得することが困難な者については、文部大臣が指定する機関、講習会、通信教育、大臣が大学に委嘱して行う試験で単位を修得させることになる。日常勤務の傍ら、単位を大学において修得することがほぼ有りえない状態のもとで、該当者が頼ることになるのは講習会や通信教育、及び「試験」であろう。これらの機会が、いずれも教師の自発的自律的な参加を前提とする教育研修の機会ではないことを思うと、それらの機会の利用が結局教師研修の強化策の一環として機能することになるのではないかと案

じられる。

② 専修免許状を現職の教師が取得する場合、公立学校関係で一般的に予想されることは、新構想教育大学大学院へ研修に赴くか、国立大学大学院・専攻科へ研修に赴くことである。従来の例に即してみる限り、そのような場合に私立大学に学ぶことは極めて希であった。このことは、教師一人一人に自由な研修を保障することにつながらない。つまり、行政当局が行なう教師の人事考課に即して限られた教師にその種の研修機会が与えられるだけであって、望む者が何時でも何処でも必要に応じて大学・大学院等に研究の機会を求めることができる訳ではない。専修免許状が管理職（例、校長）の必要な条件となることを勘案すれば、この免許状を取得する機会を管理することによって、教師を管理することが可能になるであろう。専修免許状は基礎免許状に対して上下関係にはないと説明されている。しかしながら、職能論的職階制と結び付く専修免許状は、教師の職務の各領域における管理強化を〝合理化〟〝合法化〟することに繋がるおそれが強い。

③ その意味で、新上進制が教師による自律的な研修を全く制度化の対象から外し、また、一〇年を越え一二～一五年に及ぶ教師の実践的経験を専門的力量形成の実質的成果であり基礎であるとして評価しなかったことは、管理強化という意味合いからも、教師の専門性の担保を教師の当事者性に求めず、行政の側に求めたという意味合いからも看過しえない点である。

免許状上進制を免許状の種類のうえからみると、各種学校種にわたって、臨時免許状から二種免許状、二種免許状から一種免許状、一種免許状から専修免許状へと上進する仕組みになっている。教師の採用者数が長期的に減少することを背景として、地域によっては、中等教員資格保有者に臨時免許状を授与して小学校に非常勤の講師あるいは助教諭として配置する例に見られるように、専任の教諭として採用する前に仮に採用する傾向が一般化しつつある。いわば〝試補制度〟が実質的に機能していると考えられる事実がある。上進制がこの政策的実体と合体し、初任者研修制度以前に、あるいは平行して、事実上試補制度を実体化するようなことがあってはならないと思う。特別免許状制度、特別非常勤講師制度と合わせて、十分注意する必要がある。

(4) 「弾力化」の問題

法律の改正に伴い、『教職特別課程』が開設されることになった。大学在学中教職課程を履修しなかった社会人や学生が、この課程で教職に関する専門科目、特殊教育に関する専門科目を履修し、一種免許状または専修免許状を取得することができるようになった。この課程の履修年限は一年程度であるとされている。

また、大学における教科に関する専門科目の履修方法についても、課程認定大学の裁量に基づき必要当該単位としてカウントすることができるように、弾力的に措置することができるようになった。

これからの改革は、教職に就くことを希望する人々にその機会を広げて提供することになり、また大学の裁量を尊重する等、一二の点で改善された内容を具えている。然しながら、同時に問題点として二三の事実を指摘しなければならない。

① 教職課程カリキュラムは、一般教育・専門教育・教職専門教育の総合を目指すものである。各科目は大学の独自な判断と工夫に基づいて学年別に配当され、教師に期待される力量を形成するために、学習と研究の内容が有機的に関連づけられ構造化されるように配慮されている。このような方針と異なり、教職専門科目の履修を、短期間内に、他の教科の学習と切り放して行なわせようとする方法には、次ぎのような難点がある。

第一に、基本三領域の学習と研究を、固有な大学教育の理想の下で、個々の学習者の内に綜合させることが不可能になる。特に、大学という学生の共同体の中で各種の自治的活動を通して獲得する様々な経験と知見の中に、教職に就く者が必要とする学識と人間的成熟の契機を根付かせる機会が奪われることになれば重大である。

第二に、教職専門科目の年次的構造的配列が拒まれ、教職に係わる専門的学識を有機的体系的に学習させる機会と方法を著しく制限される。

第三に、教師の専門的力量の基礎をなす実験的な教職体験を、学部教育の比較的早期に、科目として配置する機会を大学から奪い、実験的教職体験の後、諸経験を学問的科学的に総合するような研究の機会を学生から奪うことになりかねない。それは、教育実践における創造的な力量を教職を志す青年に保障するものではなく、狭い意味の技能の修練と模倣に終わる徒弟的教育に教師教育を堕すおそれがある。

総じて、教職の専門的力量を保障し、専門性を高めていくことには繋がらないのではなかろうか。

② 『教職特別課程』は一年間で「教職に関する科目」を履修させる課程である。初等教員、中等教員のいずれの場合にも教職専門科目の必要履修単位数は大幅に増加された。この状況の下で、教職特別課程を設置するとき、教職特別課程の課程認

定基準の定め方如何んでは、教職特別課程が特定された大学に偏り、われわれ私立大学を含む一般大学が事実上この新システムから排除されないとも限らない。そのような事態の生じないよう行政的に十分な配慮を求めなければならない。なぜなら「弾力化」を介して閉鎖的な教師教育制度が生み出されるようなことがあってはならないからである。

「弾力化」方針の具体的運用と共に留意しなければならないことがある。法改正によって、文部省は学校教育の要求に即しつつ免許教科、及び、同教科の免許状を新設することができるようになった。また、特別免許状を教育職員検定に合格した者に授与することも可能になった。これからは、中学校・高等学校において新しい教科を設ける必要があるとき、そのことに柔軟に対応することを目指していると説明されている。

教科法定主義の原則に拘わらずこのように「弾力化」することには、異論のありうるところであるが、わたしたちは次ぎのような趣旨の下で、この制度が国民教育の理想とその実現に正しく役立つよう運営されることを期待し、かつ、注目していきたい。即ち、学校において教師集団が自律的に教育内容と方法を作り上げ運営を革新していくうえで役立ち、学校が地域の生活と文化の向上に対してその当事者性を十分に発揮して貢献することが促進されるように、教育の自律性と民主化を尊重し促す立場から免許主義の硬直化を克服して地方自治の自主性が活かされた学校教育の再生と創造に役立ち、真に独自性に溢れた国民教育の創造に貢献するように「弾力化」の方針は運用されなければならないと考える。

(5)「社会人活用」の問題

今回の免許法改正のうち、臨時教育審議会の改革意向を最も色濃く反映したもののひとつは、所謂社会人の活用であろう。「特別免許状」と「特別非常勤講師」の両制度の導入はこの路線に沿うものである。前者は小学校では音楽、図画・工作、家庭及び体育の教科に限られるが、中学校・高等学校ではすべての教科にまたがり、更に、文部省令によって定められる特別の教科あるいは教科の一部の領域についても活用されることになっている。後者は、「社会的経験のある者で教育職員免許状を所有しない者が、本来の業務を持ちながら教育活動に適宜参加することができるようにする」ことを目的としており、クラブ活動の指導者等の位置を明確にすることに利用されるなどと説明されている。教職に就く意志を持つ人々がいろいろなルートを経てその職業を選択することに依存はない。然し、この制度には基本的に問題がある。

① 特別免許状の交付は、任免権者の推薦・検定試験・採用が一体となって機能することを意味する。教職に就く機会の平等を尊重する原則の下では、この方法は原則に抵触するおそれがある。特に、教師の選考が厳しく、採用について競争が激化している状況の下では、そのおそれはなお大きい。任免権者や雇用者の情実が働く余地も大きい。

② 教育職員検定は一定の条件を満たした者についてのみ行なわれ、免許状授与権者は合格の判定をするにあたって予め学識経験者あるいは文部省の定める者の意見を聞かなければならないことになっている。然し、普通免許状をはじめ他の免許状に関する検定が「教職に関する専門科目」を検定条件の中に含んでいるのに対して、特別免許状の場合はそれらが排除されている。これは、一方で教職専門科目の最低履修単位数を増やしたことと対比するとき著しい自己矛盾である。

③ 特別非常勤の導入は教科の教授や実習指導についても計りうるから、その結果、免許状を持つ有資格者を講師の職から排除したりすることになれば、学校の職場へ無用な混乱を招くことにもなろう。

特別免許状、特別非常勤講師の両制度はそれぞれに制約があるとはいえ、特別免許状所有者が、或は特別非常勤講師が種々の機会を捉えて任命権者が行なう講習等で条件を整え、正規の免許状を取得する可能性は否定されない。そのことは、大学において教師を教育するという原則に対して、教育行政当局が教師の教育に当たるということを主張ないし強調しているように思われる。やがて、大学による教師教育の破壊にそれがつながり、民主的な教育への重大な挑戦とならなければ幸いである。行政権力による新たな教育への介入にならないよう留意したい。

臨時教育審議会では、学校の閉鎖的で活力にかける雰囲気と人間関係を開放するために社会人を学校に招くべきだとする意見が交されたことがある。「社会人の活用」はそのような主張への回答という性格を備えている。然しながら、社会性に欠ける教師という批判が当たっているとしても、教師の社会性を豊かにしていく道筋はこのような施策の中には見いだせない。むしろ、学校が父母、住民等、地域社会の人々と密接な関係を保ち、様々な形で人々の参加を求め、その中で教師が具体的に対話と協力を通じて諸問題を解決していくこと、その経験の中で個人として集団として豊かに社会性と人間性を培っていくような方法をこそ探究すべきであった。硬直した免許主義を真に克服するためには、このような学校経営を可能にし保障する方策を作り出していくべきであった。各種の職業や専門的技術を有する人々が適宜に教育活動に参加し、子どもたちに知識と技術を伝えている事例は、日本及び世界の民主的な学校教育の中に豊富に見られる。隣接する地域に限らず、より広い地域の人々の参加を求めることがあってもよいであろう。「社会人の活用」はむしろ「社会人の参加」であるべきなので、本来、学校が自主性と主体性をもって自由な教育を展開するなかで具体化されるべきものである。

Ⅲ　私立大学の現状と課題

(1)　免許基準改定の在り方

わたしたちは第二次態度表明（一九八三年）において中等学校教員の養成教育に関し、前免許法の免許基準のうち「教職に関する専門科目」の改定を提案した。具体的に言えば、最低履修単位を二〇単位に、専門科目群の配当と名称を次ぎのように改めることをもとめた。

分　野	単位数
①　教育の本質、目的の研究に関する科目	4
②　教育の内容、方法の研究に関する科目	6
③　生徒の心身の発達と指導法の研究に関する科目	4
④　教育制度、政策の研究に関する科目	2
⑤　教育実習	4

そのとき、わたしたちがとった基本的な考え方は、要約すると次ぎのようなものであった。

(i)　教師の力量の基礎となる一般教育を重視すること。

(ii)　教育学体系とそれに見合った教育学教育の観点から「教職課程」の内容と方法を考えるべきで、狭い意味の実際的内容からそれらを構築するべきではない。

(iii)　「教職に関する専門科目」の履修単位数増を求める場合、大学教育が基づいている単位制度の趣旨を尊重して、それが課す限界に留意する必要がある。

(iv)「教育実習」は、諸調査の結果が等しく指摘するように、実習修了者が期間の延長を求めるという事実を重視して、「見習い実習」から「研究的実習」へその質的な転換をもとめる。また、大学教育の中に創造的に位置付ける。

(v) 具体的に例示した科目の内容、教育方法は、以上の原則に即し、各大学が開発すべきものである。

改めて述べるまでもなく、わたしたちは「大学における教師教育」を原則とする。その上に立って、一般教育、専門教育、教職教育の総合を目指し、その観点から様々な問題や論点について対処してきた。上述の改革提言もその原則に即したものである。

免許基準の在り方を「教職に関する専門科目」について検討する場合、今日もその考え方に立って問題に取り組んで差し支えないと思う。教育実習の単位を前免許法の倍とし、教職課程に『演習』を加えることを念頭に置き、教育学研究の多面的な発展の成果を教職課程カリキュラムに反映させることを目的として、二〇単位以外に更に八単位の付加的履修を提案したことは、依然、意味のあることである。

まえがきで触れたように、わたしたちは一九八七年から教育職員免許法を検討するワーキンググループを設け、教師の資格と専門的地位を保障する免許法の在り方について考える機会を持った。ワーキンググループの作業を通し、その成果を踏まえた会員相互の研究討議を通し、現代学校論の観点から、教師の専門性とそのことに係わる教師教育の内容方法について、相互批判を介して共通理解を深めながら、改革の要点を再確認した。教師教育政策の歴史的研究と現状の分析を行ない、そこで積まれた討議から、今日免許法が改正された事実に対して、教職の専門性に関する質的に深い論議を広範に起こさなければならないと思う。

わたしたちは、「戦後」の教師の教育実践に学び、「戦前」の心ある教師の抵抗と苦悩に学びながら教職の専門性を定式化し、その批判を基礎に、新しい子ども文化、青年文化の担い手である子どももと青年の側から見た教師の実像を捉え解明しようと試みた。それらの結果はいうまでもなく大学の教職課程カリキュラムに反映されるべきものである。

一方、技術革新に象徴される現代文明と文化の現在を批判的検討の対象としながら、未来を開拓し種々の課題に取り組むことになる次世代の者たちに的確に伝達し、的確に指示し、人間の尊厳にふさわしく選択する力を子どもたちに培う教師に、更に何を語りかけ開示することが大学に求められるか、わたしたちは虚心に学ぶ必要もある。そのような努力の成果も教師教育に反映されなければならない。

今回の免許法改正は、既に前章で見た如く少なからず問題を含むものであるが、改正法に盛られた免許基準は課題の多い学校教育の現状にも適合的ではないように思う。

(2) 私立大学における教師教育改革の現状

わたしたちは、第二次態度表明において、大学に対し自律的な教師教育の改善と改革をよびかけた。その後、私立大学の教師養成教育については相当の成果が見られた。

① 教職課程の管理体制が大学内において整えられた。

② 大学教育における教職課程教育の位置付けに関し、次ぎのような改善が進んだ。

(ア) 教師教育は全学的に取り組む教育研究の一つであるという認識が大学の中で定着しつつある。

(イ) 教職課程センター、教職課程研究センター等の施設設備が大学に設けられるようになり、教職教育に関する教育と研究の体制が整えられ始めた。

③ 教師教育の内容方法について改革が進みつつある。具体的には、「教職研究」「教職演習」等の新しい科目の増設、視聴覚教材の研究開発と導入、既設科目教授方法のイノヴェーション、有志による実験的カリキュラムの開発等、様々な形態で進められている。

④ 教育実習指導内容の開発、充実が顕著である。

⑤ 大学相互の協力によって、学生が大学の枠を越え、共同して学ぶ機会が作られるようになった。インターカレッジ教職ゼミナールである。

⑥ 個性的な教師教育改革が大学によっては進められている。例えば、聴講生を大学の授業計画立案に参加させ、多数の聴講者に教育について考える機会を提供する試みがある。

⑦　全人教育の理想、或いは宗教的価値を原理として、国立系教育大学には見られないユニークな初等教員養成を開発した私立大学がある。

⑧　各種専門の大学院ないし専攻科が養成と研修に関して独自の役割を果している。

このような改善改革の努力が払われた結果、自助努力の成果として個性的で可能性に満ちた青年を多数教育界に送ることが可能になっている。採用者側が広く私学に教師の適任者を求めるならば、学校が活力に溢れたものになることは疑いがない。

(3)　私立大学の改革課題

上述のように、わたしたちは自律的改革に務め、開放制教師教育の原理を活かす努力を続けている。

さて、然しながら、私立大学の教師教育には、国公立大学には見られない独特な課題や問題が、依然として未解決のまま横たわっていることも事実である。ある問題は極めて一般的な問題であり、あるものは免許法の改正によって俄かに顕在化した問題である。

課題1　大学教育の意義の確認

高等教育の大衆化状況、教育の産業化、情報社会の到来と教育形態の変容という状況の中で、私立大学はいかなる役割を教育と研究の面で負うことになるのであろうか。それぞれの大学のアイデンティティとその下での教師教育の理念を自ら明かにしていくことが求められている。

この問題は国の高等教育政策に対して私立大学がどのように対応するかという問題でもあり、個々の私立大学が、どこに自らを規定するかによっては、個別の大学の将来の教師教育の在り方を決定するばかりでなく私立大学の全体としての教師教育の構造や内実を拘束し決定してしまうことになろう。その帰趨は所謂開放制教師教育制度の根幹を揺るがすことにもなりかねない。

課題2　教育及び研究の条件整備

教育基本統計によれば、一部の例外を除き、私立大学の教育条件は国公立大学と比べた場合著しく劣悪である。学生一人当たりの床面積、土地面積等の資本的支出額、図書費、実験実習費いずれを比較しても、劣っている。教員の研究条件についても同様のことが指摘される。この条件は教職課程担当教員の場合についても当てはまり、教職課程担当専任教員の増員と教職課程事務員の大幅な増員を急ぐ必要がある。

課題3　教職課程の条件整備

大学の教育と研究体制の中で、教職課程が傍流に位置付けられている場合が少なくない。伝統的な教育学部（非目的養成系）や教育学科がある場合でも、同様であることが多い。先ず、教育学研究者の教師教育に関する認識を高めることが先決である。そのうえで、次ぎの諸点を改善する必要がある。

① 教職課程担当者を教育者、研究者として公的に大学の組織に位置づけ、教授会自治の諸原則をその集団に拡張し承認すること。

② 教職課程に研究機構としての本質を承認し、財政的にも適切な措置をこうじること。

③ 教育実践に関連する教育研究の施設設備を十分に備えること。

④ 教職課程が必要とする実験学校、ないしはそれに準ずる附属、協力校を適切に配置すること。

⑤ 全学的に開放された教育研究所ないし機構を整備すること。

課題4　私立大学によるパートナーシップの具体化

教職関係科目の単位互換制、教育実習センター、教育実践センター等教師教育の研究と教育に関して、大学間協力体制を開発する必要がある。更に、所謂母校実習問題を解決するためには、訪問指導を共同化するとか、共同指導体制の開発整備も必要である。

課題5　大学院における教師教育の位置付け

大学院における教師教育の位置付けについて、その内容方法の開発に関し、緊急に取り組む必要がある。既存の研究科の教師教育コースとしての活用の仕方、教師教育を目的とする研究科の新設、あるいは複数の大学にまたがる連合大学院等、研究すべき課題が多い。

Ⅳ　初等中等教育の条件整備と教育の民主化

――開放制教師教育制度堅持のための基本条件――

(1)　今日における教員採用の実態と問題

開放制教師養成すなわち大学における教師養成の本質が、初任者研修をはじめ行政研修の全般的強化によって歪められ、実質的に、行政主導による「採用後養成」に変質させられていく危険性については、既に第七次態度表明において詳述したが、さらに無視できない現実の問題がある。それは、今日の教員採用の実態に関する問題である。

今日の学齢人口の減少により、全国的に小・中・高等学校の教員採用が激減し特に大都市で著しい。そのため、府県市によっては、新任教員を迎えることができる学校は、毎年、極めて少ないという状況が常態化している。このことは、教師集団の活性化や学校経営のための適切な年齢別教員構成等に関して、現在及び将来にわたる重大な問題であることを予想させるが、教員採用のあり方にも大きく影響せざるを得ない。

教員の採用減は、第一に、国立教育系大学・学部に危機感をもたらし、いわゆる「ゼロ免課程」や、教員養成以外の新課程の創設等の再編成が進められている。このことについては、昭和三〇年代以降、教育系大学・学部の教員養成目的大学化を推し進めてきた国の政策・行政側自体の方針変更と指導も作用してきているが、そうした行政側の配慮は、当然、各地域において教育系大学・学部卒業生優先の採用に傾く恐れが強い。つまり、一般大学、就中、私立大学出身者の教員としての採用を一層激減させるという結果になることが強く懸念される。実際に現在私立大学で学びつつ教職に深い情熱をもつ多くの青年が教職を断念するか挫折感に陥っている場合が多いことをわたしたちは知っている。

そもそも、開放制教師養成の意義と利点は、自由な学問研究と教育の基礎のうえに、多くの個性的な教師を育て、提供するところにある。しかし、今日のような著しい採用者数減は、選考・採用に対する行政側の権能の強化と裁量の余地の拡大につながり、一方、大学と教員採用試験受験者側のそれに対する順応と追随を必然化し、多様な、個性ある教師の採用を不可能にせざるをえないであろう。このことは、国家主導・行政主導の研修の強化による教師像の国家主義的画一化を一層容易にする。かくして、教員採用の実情の面からも開放制教師教育の体制が崩されながら、初等・中等教育における民主主義がその危機を深めるという事態となることを、わたしたちは無視することができない。

(2)　学級定員大幅削減の必要性

すべての子どもたち（中等学校の生徒も含む、以下同じ）に、その人間的成長と学力の獲得を保障するような学校教育を促進するためには、適切な学級規模を確立することが基本的条件の一つである。「学級規模は、教員が生徒一人ひとりに注意を払うことができるものでなければならない」と、ＩＬＯ・ユネスコの「教師の地位に関する勧告」が規定したのは、既に二〇年以上も前（一九六六年）のことである。今日では、欧米各国では初等中等学校の学級規模は、ほとんどが実質二〇人台となっていることは周知の事実である。然しわが国では、「標準法」（公立義務諸学校の学級編成及び教職員定数の標準に関する法律）が、一九八〇年に規定した四〇人の学級が、未だ、全学年にわたっては実現されていない。高等学校普通科全日制の場合は、法的にも四五人学級であり、実際にはそれを越えている学校が少なくない。

多くの子どもの「学力の落ちこぼれ」と、それに起因する学習集団の崩壊や子どもたちの人格破壊が問題視されてから久しいが、その大きな要因である過密過大学級の問題は解決されていない。第一の被害者は子どもたちであるが、教師たち自身も被害を被る立場にある。いかに有能な教師といえども、過密過大学級の下では、「生徒一人ひとりに注意を払うこと」は至難の業であり、現代の複雑な社会的、経済的、文化的状況の下にある子どもたちの生活的背景やその内面を理解することは極めて困難である。また、過密過大学級は、教育科学の発達が示す教授法の革新を教科の性格に即して計画・実践することを不可能にし、因襲的な画一的詰込み教授を一般化する。その結果、多くの子どもたちの学習疎外と、教師と生徒、生徒相互の人間関係の破綻をもたらすばかりか、教師自身の児童・生徒観を歪めることになる。過密過大学級の下では、教師の能力は十分に発揮されず、むしろその向上・発展が阻まれるのである。今日、しきりに教師の資質能力の向上が叫ばれているが、そのための重要な先決条件の一つが、適正な学級規模の保障であることを銘記しなければならない。

従って、わたしたちは、今こそわが国における初等・中等教育の学級規模を欧米並に三〇人以下にすることを強く主張し、関係当局に要望する。もし、そのことの実現が不可能であるというのならば、経済大国の本質が問われることになろう。

今日のように、児童・生徒数が減少する時こそ学級規模を縮小する絶好の機会であり、縮小して教員定数の大幅な増大を図り、教職を志望する多くの有望な青年の期待に応えるべき時である。そうすることにより、先述した教員採用を巡る様々な問題点を克服することも可能になるであろう。

(3)　開放制教師教育と学校の民主化

開放制教師教育制度は、戦後教育民主化の一環として創設されたものであることを、今日改めて深く想起する必要があるように思われる。教育の民主化とは、いうまでもなく、戦前の中央集権的、国家主義的な教育体制の否定であり、「真理と平和を希求する人間の育成」、「人格の完成」を目指す教育の創造である。

わたくしたち大学側は、民主的な教育を担う力量をもった青年を育てるという教師育成教育の立場から、教育の民主化に貢献する位置にあるが、教職課程における免許基準の制定や課程認定、免許状の発行、教育実習の実施、教員採用等を通じて、中央・地方の教育行政や、初等・中等学校の教育実践とも密接な相互関係の立場にも立っている。従って、開放制教師養成すなわち大学における教師養成の理念と実質を堅持するためには、既に述べたような大学側自身の自覚と自律的な改善改革への努力とともに、教育行政当局や初等・中等学校側自身の民主化が必須の条件とならざるをえない。ここで、かつて第一次米国教育使節団の報告書（一九四六年三月三一日）が次ぎのように述べたことを想起したい。「教師たると行政官たるとを問わず、教育者というものの職務について、ここに教訓とすべきことがあるのである。教師の最善の能力は自由の空気の中においてのみ十分に現される。この空気をつくり出すことが行政官の仕事なのであってその反対の空気をつくることではない。」然し、遺憾ながら、既に三〇年も前からであるが、わが国の学校教育は全般的に強力な中央集権統制の下に置かれ、今日、学校はその経営・管理の面から教育計画・教育課程・教育実践のすべての面において、「自由な空気」を失いつつあるように思われる。地方教育行政当局もその当事者性を希薄にし、全般的に官僚主義的雰囲気が支配しているといわざるをえない。

中央地方の教育行政当局は、先に述べたような学級規模の適正化や教員定数の増加その他の教育条件の整備確立に務めること（教育基本法第一〇条）こそ、その第一の任務とすべきものであり、学校教育計画、教育課程、教育実践については「学問の自由の原則」（教育基本法第二条）に基づき、本来、学校長をはじめとする学校の教育者集団の自主性を尊重すべきである。勿論その際、学校側は主権者である親や地域住民と生徒たちの教育参加を保障するとともに、教育研究者や各種専門家との共同を促進する必要がある。そのうえに立って、あくまでも、「真理と平和を希求」し、子どもたちの幸せを保障する教育を追求し推進しなければならない。

学校がそのように自由と民主主義を自らのものとしたとき、学問的精神（真理探究と批判的探究の精神）を根幹とする大学側の教師養成教育との緊密な交流と共同の関係が成立する。教育実習はそのための重要な場となり、実習生のみならず学校教師の側からも積極的に歓迎すべき機会となるであろう。開放制教師教育は、本来、そのような相互関係を目指すものであり、また、そうした関係が成立してこそこの制度は確立される。それはさらに広く教師の研修や研究活動に対する大学の寄与や、理論と実践の結合の相互貢献として発展することを可能にするであろう。

(4)　私立学校の諸問題について

以上は主として公立学校の状況に即して述べたが、私立学校は、わが国の公教育の一環として共通面を持ちながらも、様相を異にするところもある。その人事管理や教師の待遇、教育の理念や内容、教育条件等、教師を送り出す養成側の立場から見て、関心を寄せる事柄が少なくない。若干の点について言及しておきたい。

わが国には初等中等教育について伝統と実績をもつ私立学校が少なくないが、今日、その学校数のうえで特に重要な位置を占めているのは幼稚園と高等学校である。私立幼稚園が、園数・就園児数ともに公立園を凌ぐ位置にあることは周知のとおりである。一方、私立高等学校は生徒の急増期以来、義務教育を終えて後期中等教育の学習を願う多くの若者や親たちの願いに応え、公立高等学校の不足を補ううえでも大きな貢献をしてきた。そして近年では、中学校を併設して、中・高一貫教育を行なうところも増えてきている。

然し、それぞれ問題は少なくない。全般的状況を極めて概括的に言えば、経営・管理の面での全近代性と非民主性の傾向の強さを指摘しなければならない。その点、特に私立幼稚園において著しく、経営者即管理者（園長）として絶対的な権力を持ち、経営管理をほしいままにしているところが少なくない。私立幼稚園では、経営者や園長の団体が、各府県市の段階や全国段階にあるが、教師の組織（教員組合等）はほとんどなく、そのために教師の勤務条件や待遇は著しく低位のままにおかれ、教師としての力量形成を阻まれていることも多い。

中学校や高等学校の場合各学校毎に教員組合をもったり、府県市等の段階で連合組織を持ち、待遇改善や教育の民主化、研究教育の向上への努力がなされるところもあるが、場合によっては教員の組織がなく、あるいは組織化を拒まれていることもある。学級定員その他の教育条件は概して公立学校よりも一層悪いところが多い。

教育内容についても問題があり、例えば幼稚園では、経営主義的な見地から、幼児の発達原則を無視した詰込み教育を行なうところが少なくなく、また、中学高等学校では、大別していわゆる受験エリート校とその他の学校に分かれようが、前者は特に、国民教育の理念に関する今日の真剣な議論の枠外に自らを置き、むしろ公教育の矛盾の深化に手を藉しているといわねばならない。このような問題はすべて、教育学の見地からも教師教育の観点からも無視できないことである。

わたしたちは、わたしたち大学側の教師教育を経て免許状を取得する者が、公立学校のみならず、私立学校の教師を積極的に志望し、新しく豊かな教育を創造することを期待してきた。とりわけ、自らが私立大学の立場にあり、「私学」の意義、役割、課題について自律的自発的に日々探究し改革し創造する努力を払わなければならない当事者として、私立学校の教師の教育と研修について貢献しなければならないと考える。そのための一助として、国や地方公共団体による一層の私学助成を要求し、合わせて、学校法人による私立学校教育条件整備の促進と学校管理の民主化を心から期待しつつ、大学学校間の密接な関係を醸成していきたいと思う。

あとがき

今回の教育職員免許法改正を検討するにつけて、それが従来の試みと異なるところが大きいことに気付かざるをえない。本文では開放制教師教育制度の否定に繋がることとして言及したが、一二の点を補足しておくことにする。

第一点は、初任者研修制度の発足に伴い、免許法の目的とするところに基本的な変更があったということである。いわゆる実践的指導力の育成と強化を就職後の研修に委ね、養成段階ではその基礎・基本となることの学習にとどめるとしたのは、臨時教育審議会の教師教育改善案であった。今次の改定は学習指導要領の枠組みに沿って教職専門科目の配当変更を試み、教育実習については比較的少ない単位増加で臨んだのは、その具体化であると考えられる。この課程で、教育実習を全廃し、就職後に試補制度的システムを利用して実践的内容の学習・修得に備え、大学における教職課程の負担を軽減することの方が適切であるとする意見もあった。この発想は、教職専門科目の開設を全面的に拒否する姿勢に通じかねない。それはとりもなおさず、戦後の教師教育改革の過程で選択した「開放性」の理念を覆すことに通じる。

第二に、臨時教育審議会の置土産となった大学審議会が、高等教育の再編成に着手したことを看過することができない。いわゆる中教審『四六答申』において、大学院の多様化を頂点とする高等教育体系の多元化、複線化が提案されたことは周知の事実である。また、その提案が各種の批判、反対の前で実施にいたらなかったことも記憶に新しい。然し、臨時教育審議会は、この第三の教育改革と称した四六答申の具体化を企画したことは既に明かで、今回の大学審議会の一連の作業はその具体的な現れに他ならない。この路線の選択は、次ぎのような事情から、大学にとっては、喫緊の課題となる公算が大である。

(i) 高等教育人口の将来予測によれば、大学の学生定員数を見直す必要にせまられる。私立大学の存立にそのことが影響するところは測り知れず大きい。大学財政の観点から見て、私立大学が置かれる状況は楽観を許さないものがある。然し、それにも拘わらず、各大学の個性的な存在理由を明らかにしつつ、同様に個性的な教師教育を創造していくためには、教師教育に係わる研究と教育の条件整備、とりわけ教職担当専任教員の配置について努力し、そのうえに立って、特色のある教師教育プログラムを開発していかなければならない。

(ii) 大学院制度の改革について研究院構想を中核とする大学改造の動きが顕在化している。国費による改革が国立総合大学を中心として進められ、情報改革の結果進行しつつある高度の集中的情報管理をその中に包み込んで、大学全体の再編成が完了するような事態になれば、私立大学の研究と教育が被る影響はすこぶる大きい。教師教育のシステム全体にとっても及ぶところは小さくない。

これらの課題に対応した結果、国立大学を中心とした高等教育体系の再編成に対して、私立大学が補完的位置に位置付けられ、教師教育については目的養成系大学修士課程大学院を頂点とする制度的再編成が完成するような事態を導くことがあってはならないのである。

第三に、「開放制」の言葉の意味が大きく変わろうとしていることを挙げなければならない。教職専門課程の学習を体験しない人々も教職に就くことができ、大学教育を経なくとも教壇に立てるということは、教職の専門性やそのための大学における教育という原則に対してどのような意味を持つことになるのか、慎重に吟味する必要がある。

大学で教師の教育を行なうことには、少なくとも次ぎのような主張が込められていると思う。

(i)　教師が実践的に問題を抱え、行き詰まりを感じるとき、問題を克服して新しい実践の力量を獲得する契機は様々であるにちがいない。問題を持つ時期も、問題の内容も教師一人ひとりみな異なると思われる。大学がその場面で貢献できるのは、科学や学問の学問論理的原理、探究の論理と方法、批判的探究のエトスが何であるかを伝え、あるいは開示することであろう。それを手懸かりとして、子どもを見、問題を洞察する力がその奥行きを広げ深めることに、大学であればこそ貢献できるのではなかろうか。教師になろうとする者、教師になった者を大学に誘う理由がそこにある。

(ii)　大学は真理を探究するところである。真理は人々を偏見から解き放ち自由にし、真理への参加を媒介して人々を結び合わせる。ここに保障される連帯は、年齢、性、人種、文化、時と所とのそれぞれの差を越えて成り立つ。教師を大学で育て、大学に戻らせて研修の機会を教師に与えようとするのは、大学が保障する真理と真理探究の側らで彼らを育み、鍛え、人間的連帯の可能性と能力とを確実なものとして教師に手渡したいからに他ならない。教師は真理の側らにあることを体験して、初めて人間として自由になることが、どれ程子どもや親と連帯し、子どもを連帯させ、そして人々を繋ぐことになるかを発見するからである。

所謂弾力化政策によって開かれる教職の「開かれ方」は、真理によるこのような「開かれ方」とは根本的に異なっている。教職を志す人々がその機会を広く持つことになんら異存はないが、教職が本来的に要求される専門性の上述のような独自性を無視した機会の広げ方は批判されるべきである。地域政治の文脈の中に置かれ、中央政府の政策動向に密着している地方教育行政の意志に従って、教師の資格が特定の個人に認定されることなどの起こらないよう、新しいシステムを注意深く見守る必要がある。

以上述べてきたように、初任者研修制度、教育職員免許法改正という政策を通じてわたしたちに与えられた課題は、構造的に大きく質的に重いものである。高等教育の全体的再編成を目指す政策が具体化されつつある現状では、問題の複雑さはその程度を一層増していくであろう。基本的には技術革新と経済的必要性に促されて行われようとしているこのような教育改革の方向性に対して、大学が単に受動的に対応するだけでなく、大学に固有の責任を十分に果たすことが、今厳しく求められていることを、わたしたちは再確認する必要があると思う。国民教育の発展的再創造を教師教育の理想として掲げている当事者として、わたしたちはその観点から積極的な対応を企図しなければならない。

わたしたちは、既に、「地域教師教育機構」という着想を提起し、関連する人びとの教師教育への参加と、信頼に基づく新しい協力関係を創造しようと訴えてきた。そこでは、大学人はもとより、教師団体、学校関係者、父母、地域住民と教育行政関係者の代表が機会を設けて集い、教師教育の改善、その基礎となる研究、情報交換等について協議しようと呼び掛けたのであった。当今、教育行政当局によって準備されている『教員の資質向上連絡協議会』の規模と水準を越えて教師の養成、研修及び採用について科学的で民主的な改革の方途を探ろうとするわたしたちの理念を再度掲げ、その実現に向かって努力し、合わせて広く国民各層の理解と支援を期待したい。

ここに指摘してきた幾多の問題の解決を計るとき、基本的には個別大学の独自性とイニシアティヴに依りながら、協議会活動の不断の検証を媒介としつつ、民主的共同作業による問題解決支援を確かなものにしていかなければならないと考えている。

掲載論文初出一覧

第1章「教育職員免許法改正の動向と大学教師教育の課題」
『武蔵大学人文学会雑誌』武蔵大学人文学会、第二一巻三・四号一九九〇年七月

第2章「教師教育カリキュラム編成と私立大学の教職課程カリキュラム改革の動向」
『教師教育研究』全国私立大学教職課程研究連絡協議会年報、第三号、一九九一年三月

第3章「大学における教職専門教育科目構築の理念」
『教師教育研究』全国私立大学教職課程研究連絡協議会年報、第四号、一九九二年七月

第4章「大学改革の下での教育者養成カリキュラム編成」
『日本教師教育学会年報』第三号、日本教師教育学会、一九九四年一〇月

第5章「私立大学の教師教育の問題点と課題」
『教育展望』教育開発研究所、一九九五年八月号

第6章「転換期における青年の未来選択と教師教育」
『教師教育研究』全国私立大学教職課程研究連絡協議会年報、第九号、一九九八年一〇月

第7章「介護等体験特例法と教員養成の課題」
『日本教師教育学会年報』第八号、日本教師教育学会、二〇〇〇年一〇月

第8章　「二一世紀に向かっての教師養成の基本的課題」
　『武蔵大学人文学会雑誌』第三一巻三号、武蔵大学人文学会、二〇〇〇年二月

第9章　「教員の養成・採用・研修の連携と構造化の課題―教育職員養成審議会答申を中心にして―」
　『教師教育研究』全国私立大学教職課程研究連絡協議会年報、第一二号、二〇〇一年五月

第10章　「私立大学における教師教育の展望」
　『教師教育研究』第一七号、全国私立大学教職課程研究連絡協議会年報、二〇〇四年五月

索　引

あ

アカデミック・フリーダム　165
新しい知識人　73,74,114,115
アメリカ教育使節団　198
アラゴン,L.　132
新たな時代に向けた教員養成の改善方策について（1996年７月）　178
いじめ　129,152
委託費　208
一級普通免許状　153
一種免許状　25
一般教育　27,94
　──課程　86
　──科目　99
　──的分野　95
　──の理念　95
一般教養科目　85
一般教養教育　85,93,94,96
　──のあり方　94
一般私立大学　17
井上勝也　210
太田卓　212,213
大槻健　211,212
大西昭男　219
小川勝治　213

か

介護体験実習　169
介護等体験　135,136,142,144,146,147,149,187
　──特例法　5,135-139,142,146,149
　──特例法案　140
　──特例法施行規則　136
開放制　34,105
開放制教員免許制度　196,199
開放制教員養成　34,169,187
　──の理念　163,188
　──制度　1,15,152,187,191,192,196,218,220
　──制度の理念　192
開放制教師教育　3,22,35,38,187,196
　──制度　5,105,154,183,196,201
　──の原則　44,166
　──の理念　34,37,154
開放制教師養成　32,52
　──制度　120,211
開放制にもとづく教員養成　199
開放制免許主義　153
開放制免許制度　153,175,183
　──の理念の堅持及び創造的発展　160
カウンセリングマインド　161
学際的科目　95
学習権　65
学習権宣言　132
　──の精神　38
学習指導要領　30,31,60,160,163,165,186
学生の未来選択　124
学部教育改革　102
学部教育の改革に関するアンケート調査　84
学問的精神　96
学問の自由　16,100,199
学歴別「階層化」　23
学級規模　130
学級崩壊　152
学校規模　130
学校教育法　97,126,199
課程認定　63,102
　──制度　17
　──大学　26
加藤西郷　202,204,209,210
カリキュラム編成　60,62
環境教育　68
感性の豊かさ　70
関東地区協議会創設　213
関東地区教職課程研究連絡協議会　29
関東地区私立大学教職課程研究連絡協議会　6,159,160,215
菅野芳彦　213
管理主義的教育　38
基礎理論学習　101
木下法也　212,213
教育愛　70,112
教育科学　59
教育学及び関連諸科学の学習　76
『教育学研究』　217

教育学的認識　75
教育学の学問的成果　188
教育基本法　126,206
——の精神　38,65
教育系大学•学部の目的養成大学化　154
教育原論　121
教育荒廃　38
教育刷新委員会　198,199
教育実習（事前・実習・事後指導）　40,41,47,105
——システムの開発　204
——制度　205,206
——成績報告票　208
——と介護等体験をめぐる諸問題　142
——についての提言　209
——の改善　196
——の事前・事後指導　62
教育実践　46,69-71,76,101
——者　72
——の基礎学習　101
——の基礎的認識　40
——の実地学習　101
——の実地研究　40,41,47,75
——の自律的改革　38
——の理論化　41,75
——の理論学習　101
——の理論研究　40,41,75
教育者　126
——教育　95,101
——の力量　90
——の力量形成　91
教育者養成　126
——教育　96,102
——のカリキュラム　83
——のカリキュラム構成　83,98
——のカリキュラムの構築　101
——を構想　102
教育諸科学（人間形成諸科学）　39,66,160
教育職員検定試験　28
教育職員免許の規制　83
教育職員免許法（教免法）　1,3,15,32,55,59,100,102,106135,136,145,158,178,199,210
——改正　17,20,52,56,130,151,153,154,159,162,164,174,178
——改正特別検討委員会　160
——改正に伴う各大学の対応状況とその問題点　152
——施行規則　96,98,106,155,158,159
——施行規則第22条２項　126
——に関するワーキンググループ報告「危機に立つ開放制教師養成—教養審答申と教免法改正」　29
教育職員養成審議会（教養審）　16,61,64,154,178
——・カリキュラム等特別委員会主査　高倉　翔　180
——「教員の養成及び免許制度の改善について」　21
——第一次答申　156
——答申　178,181,200
——答申「教員の養成及び免許制度の改善について」（1983年）　22
教育審議会　197
教育長　17
教育的センス　70,112
教育の基礎理論学習　101
教育の荒廃　155
教育の本質と目的の研究に関する科目　25
教育理念を再検討し新しい世紀に向かって個性的な大学教育　85
教員採用候補者選考実施結果　128
教員採用試験　165
教員採用推進制度　189
教員資格取得志望者の教育実習に関する小委員会　135
教員就職状況　107
教員選考条令　131
教員選考法　131
教員定数見直し　130
教員の選考・採用　131
教員の養成・採用・研修　178
教員の養成は大学で行う　126
教員は大学で養成する　1
教員免許取得状況　107
教員免許状取得者　107
教員免許特例法　141
——案成立に伴う介護等体験の受入れについて　140
教員養成　64,77,94,100
教員養成改革　156
——動向　171
教員養成課程カリキュラムの改善について（1997年７月）　178
教員養成カリキュラム　156,178,179,201
——研究会　67,109
——の編成権　59

教員養成教育　177
教員養成（系）大学・学部　162,163,185
教員養成制度　170,196,197,199
——改革　15,16,156,195,196
——再編成　154
——の改善方策について　20
教員養成の改善方策について　22
教員養成は大学において行なう　15,58
教員養成プログラム　190
教員養成・力量形成　186
教科外活動の研究　40,47
教科外教育の研究　62
教科・教職専門教育科目　99
教科教育の研究　40,47
教科指導　50
教科専門科目　24,127
共感的信頼関係　129
教師教育　55,66,67,73,76,77,106,116,120,133,154
——の課題　116
——の構造　100
教師教育改革　38,126
——の原則　59
教師教育カリキュラム　39
——編成の視点　38
——編成の理念　37
教師教育政策　155
教師教育制度　105
教師としての力量形成　39,50
教師の資質・力量　125,195
教師の養成，採用（選考），研修　4,5
教師の力量　38.67
——形成　75,152,191,195
——・資質　173,177
教職員の定数　130
教職演習　40,41,47,75,159
教職課程　105,106,121,124,199
——委員会　44
教職課程カリキュラム　27,44,65
——改革の方向　47
——編成権　17
教職課程教育　2,37,41,55,74,126,197
——の課題　126
——の構造化　44
——実践観　125
教職課程研究連絡協議会　177
教職課程再認定等申請委員会　44
教職課程専門教育科目の編成　78
教職科目　127
——の基準引き上げ　180
教職教育　94
教職研究　40,41,47,75
教職専門科目　24,27,30,34,66,159
——等に関する省令に就いての要望書　160
——編成の原理　74
教職専門教育　27
教職専門教育科目　4,28,30,39-41,64-67,69,74-76,111
——構成　78
——構築の理念　55
——等に関する省令　52
——等に関する省令作成についての要望書　29
——の構造化　44
——の構築の理念　74
——編成　74,75
「教職専門科目等に関する省令」事項についての要望　31
教職特別課程　26,45,61
——の設置　22
教職に関する科目　157
教職に関する専門科目　32
教職に関する専門教育科目　28,65
教職入門　159
教職への志向と一体感の形成　157
——に関する科目　180
教師養成課程　17,153
教師養成カリキュラム　177
教師養成教育　63,95,160
——カリキュラムの構造　40,45
教師養成・免許制度の目的養成化　155
京都市教育委員会　203
京都市教職員組合　203
京都地区大学教職課程協議会（京教協）　196,201,203,206,210,213
京都地区における教育実習資料集　201
京都におけるケーススタディを通して　209
教諭・養護教諭の免許状　153
教養課程の理念　85
教養教育　97
教養セミナー　95
勤務評定の内容・方法，手続きのシステムの研究　182
栗原敦雄　218
経済主義的教育政策　154

建学の精神（理想）　34,35,84,187,188
研究者　72
——としての教師　71,77
研修休業制度の創設　182
現職教育　55,166
検定試験　28
現場の環境に適切な対応できる力量ある教員　181
憲法　38
後期中等教育多様化政策　154
後期中等教育の多様化　154
校長・教育長・指導主事の免許状　153
高等学校教員免許　165
高等学校教員免許状取得状況　107
高等学校教諭普通一級免許状　33
高等学校「社会科」　30
——の再編　106
高等学校「地理歴史」「公民」　161
高等教育機関　155
高等教育の多様化　155
高等師範学校　197
高等専門教育　98
公民科　30
国際教育　30,160
国大協報告書　209
国民教育　38
国立学校設置法　199
国立教育系大学　105
国立教員養成大学　107
——・学部　107
——・学部出身者　107
国立大学協会教員養成特別委員会　59
——委員長　180
国立大学大学院・専攻科　26
国立の教員養成系大学　17
国家規準化　201
国家基準の強化　20
古寺雅男　209,210,212,217,218,221
子ども・青年の人間的成長・発達　99
子どもたちに生きる力を培える教員　181
子どもの権利宣言　38
子どもの権利に関する条約　38,66
子どもを主体　69

さ

再課程認定　60,64
榊原禎宏　128
桜井光昭　219
資格認定試験制度　153
自己実現　38
「自己点検・評価」「外部評価」　184
自己変革　69
自己理解　69
自主的・実験的・創造的な教師養成教育カリキュラムの研究開発　31
事前・事後指導　47
実践指導力　60
実践的指導力　163,165
——の基礎　183
児童憲章　38,65
児童権利宣言（1959年第1四回国連総会）　66
指導主事　17
児童福祉　50
師範学校　153,197,198
——制度　195
——令　197
師範教育　197,198
社会人活用　7,22,27
衆議院文教委員会　137,179
修士課程を積極的に活用した教員養成の在り方について（1998年10月）　178
主体的実践力　47
生涯学習社会　56,84
小学校及び中学校の教諭の普通免許状授与に係わる教育職員免許法の特例等に関する法律　135
条件付採用制度　182
小中学校教諭の普通免許状　135
情報化社会　68
情報科・福祉科の課程認定の問題　185
初代文部大臣　197
初任研修制度　60
初任者研修　62,183,187
白井慎　212,213
私立大学教職課程の諸問題を考える有志の会　211
『私立大学の教師教育改革―10年のあゆみ―』　211
私立大学の教職課程カリキュラム改革　37
私立大学の教職課程研究連絡協議会　106
人格の完成　66
新教育職員免許法下の教員養成カリキュラムに関する調査研究　89,109
新教育職員免許法下の教員養成カリキュラム編成に関する調査　152

人権感覚　91
——・人権教育　68
——や人権教育の能力　68
人権思想を理念　65
新構想教育大学大学院　26
新設置基準　85,96
鈴木慎一　212,213,217,221
生活科　24
生活指導　50
生徒指導　30,31,60
世界教育史　160
世界人権宣言　38,65
設置基準　84
——の自由化　83
戦後教育改革　83,152,183,195,197
——と教員養成の理念　49
戦後教員養成の原則　101
全国教員養成問題連絡会　56,59,98,127,161
——の意見（書）　98,127
全国私立大学教職課程研究連絡協議会（全私教協）　6,29,32,120,159,196,201,211,217
戦後の教育改革の理念　196
専修免許状　23,26,127
全人教育　97
専門基礎教育　98
専門教育　27,85,94,95,97
専門性強化　86
専門的教育技術・技能　71
専門的力量形成　26
総合科目　95

た

第一次態度表明「教師教育の在り方について」　29
第一次答申「二一世紀を展望した我が国の教育の在り方について」　178
第二次態度表明「教師教育の改善について」　29
第三次態度表明「教育職員養成審議会答申について」　29
第三次答申「養成と採用・研修との連携の円滑化について」（1999年12月）　178
第四次態度表明「公立学校教員採用候補者に対する『採用前研修』問題について」　29
第五次態度表明「臨時教育審議会第一次答申及び審議の動向について」　29
第六次態度表明「臨時教育審議会第二次答申と政策動向について」　29
第七次態度表明「初任者研修制度について」　29
第八次態度表明「教育職員免許法改正とわれわれの課題」　29
第三の教育改革　178
大学院委員会　44
大学院修学休業制度創設　184
大学院における現職教員の再教育　182
大学院に於ける専修免許状　45
大学院の教職科目　61
大学改革　102
大学教育　44,83,178
——改革　85,100,102
——の理念　83
——総体の教育的営為　102
大学教員の指導力の向上　184
大学協議会　44
大学審議会答申　92,96
大学設置基準　40,83-85,96,97,100
——の改正　100,101,106
——の大綱化　85,90,92,95,100,102,169
——の大綱化の下における教職課程のあり方に関するアンケート調査　85
大学で教員を養成する　220
大学で教師養成　124
大学における教育者養成　102
大学における教員養成　16,57,59,98,126,199
——カリキュラム改革　179
大学における教員養成教育　185
——カリキュラム編成権　31,160
大学における養成　153,183
大学における養成カリキュラム　183
大学に自己点検・自己評価　84
大学のカリキュラム編成　60
大学の建学の精神・理想　97
大学の自主的・主体的カリキュラム編成権　32
大学の自治　16,199
大学の設置基準の大綱化・規制緩和　186
大学（国公私立）別新規卒業者の免許状取得状況　107
大学別等による新規卒業者の教員就職状況　107
大綱化　83,84
短期大学　63
探究志向的　77
——方法　71

探究者　72
——としての教師　71
弾力化　7,26
地域教師教育機構　131,191
地域住民・父母の参加　191
知識人　115
中央教育審議会（中教審）　20,154,178
第一五期——　155
——答申　148,200
——答申「教員養成制度の改善方策について」（1958年）　21
中学教員免許状取得状況　107
中学校教員就職状況　107
中学校教諭専修普通免許状　33
中学校の教育実習四週間問題　179
中途退学　129
地理・歴史科　30
「地理歴史」「公民」に再編成　161
ツァイヒナー,K.M.　71
——の探究志向的方法　113
追体験　77
塚本正三郎　217,218
東京学芸大学　216
東京地区教育実習研究連絡協議会（東実協）　6,135,138,139
東京地区私立大学教職課程協議会　213
東京都教育委員会　135,139,146
東京都社会福祉協議会　135,139,143,144
東京都における教員需要に関する試算　128
東京都立養護学校　139
導入教育　97
得意分野を持つ個性豊かな教育　181
特別活動　30,31
特別非常勤講師　28
——制度　22,158
——特別免許状の上進制　183
特別免許状制度　158
特別免許状の創設　22
都道府県教育委員会　153,161
都道府県教育長協議会　179

な

長尾十三二　196,211,213,217,218,221
中野光　180
日本教育学会　6,209
——・教育制度研究委員会　98
——教育制度研究委員会の意見書　127
日本国憲法　65,126,206
日本私立大学連盟　84
——編『大学教育の刷新をめざして』　97
人間形成の学　66
人間総合科学としての教育学研究　102
野辺忠郎　213
ノーマライゼーション　149

は

蓮見音彦　180
比較教育　30,160
批判的探求の精神　96
普通専門教育　98
普通免許状の授与基準　158
不登校　129,152
平和教育　30,160
平和主義　65
変革期における教師教育　55
ボルノウ,O.F.　70,111

ま

前田多門　198
「学び」の復権　133
右島洋介　215,217,221
無限の可能性　38
免許基準引き上げ　7,23
免許主義　153
免許状主義　183
免許状取得者の教員就職率　107
免許状「種別化」　7,23
免許状授与権者　28,153
免許状「上進制」　7,25
免許状上進制度　21
免許状の種類・免許基準　153
盲・ろう・養護学校　135,143
目的大学　200
——化　20,200
目的養成制度　1
求められる教員像　181
森有礼　197
文部省の課程認定　178
文部省の大学管理行政　85

や

山崎真秀　200
山本良吉　132
豊かな人権感覚・鋭い権利認識　47
ユネスコ国際成人教育会議宣言「学習権」　65

養成・採用・研修　191
——を構想化　182
養成しようとする教員像　183
養成段階のカリキュラム改善　183
幼稚園養成課程　61

ら

ラングラン,P.　132
リベラル・アーツ　86
臨時教育審議会（臨教審）　16，96
——答申　20，154

わ

『若い教師へ』　132
和歌山大学　20

［著者紹介］

黒澤　英典（くろさわ　ひでふみ）

埼玉県秩父生れ
武蔵大学人文学部教授
放送大学，東洋大学講師
練馬区子ども読書活動推進協議会会長
埼玉県生涯学習実践作文審査委員会委員長
埼玉県秩父郡小鹿野町教育委員会委員長
主な編著
『戦後教育の源流』（学文社）
『初期社会科実践史研究』共著（教育出版）
『現代社会の教育課題』編著（学文社）
『信頼し合う教師と父母』（学校改革実践講座第23巻）（ぎょうせい）
『雑誌〈公民教育〉復刻・解説・総索引』（雄松堂書店）
『講座 教師教育学』（全３巻）編者（学文社）
『「居場所づくり」から「要場所づくり」へ』編者（学文社）他多数

私立大学の教師教育の課題と展望
―― 21世紀の教師教育の創造的発展をめざして

2006年４月10日　第１版第１刷発行

著者　黒澤　英典

発行者　田　中　千津子
発行所　株式会社　学　文　社

〒153-0064 東京都目黒区下目黒３-６-１
電話　03（3715）1501 ㈹
FAX　03（3715）2012
http://www.gakubunsha.com

組版　サンライズ
印刷　平河工業社
製本　小泉企画

ISBN 4-7620-1525-3

黒澤英典著

戦後教育の源流

Ａ５判　308頁　定価 3670円

敗戦直後，文部大臣前田多門の教育再建にかける理念と施策，ならびに戸田貞三の教育改革への情熱的取組みを克明に跡づけるとともに，ときの公民科，社会科の歴史的経緯を実証的に明らかにした労作。

0532-0 C3037

日本教師教育学会編
講座教師教育学Ⅰ

教師とは

――教師の役割と専門性を深める――

Ａ５判　272頁　定価 2940円

＜日本教師教育学会創立10周年記念出版＞児童・生徒に向きあう仕事である教師という仕事が，いま問われているものを踏まえ，多角的な視点からこれからの教師とはどうあるべきかを考える。

1165-7 C3337

日本教師教育学会編
講座教師教育学Ⅱ

教師をめざす

――教員養成・採用の道筋をさぐる――

Ａ５判　280頁　定価 2940円

＜日本教師教育学会創立10周年記念出版＞教員養成・採用を学生と指導する大学教員の立場から取り上げ，基本課題を提示。根底に流れる教師教育において理論知と実践知のかかわりをどう捉えるか考察した。

1166-5 C3337

日本教師教育学会編
講座教師教育学Ⅲ

教師として生きる

――教師の力量形成とその支援を考える――

Ａ５判　288頁　定価 2940円

＜日本教師教育学会創立10周年記念出版＞学校という職場や教師自身の生活・研修にかかわる問題を取り上げ，現代を教師として生きていくことをどのようにし認識し援助していくべきなのかを論考する。

1167-3 C3337

ＴＥＥＳ研究会編

「大学における教員養成」の歴史的研究

――戦後「教育学部」史研究――

Ａ５判　483頁　定価 6090円

戦後教育養成理念と法制，教育学部の成立・展開過程にかかわる諸問題を再整理。またそれらにもとづく認識と提言をここにまとめた。「教師養成教育」「教育学教育」「教育学研究」を貫く原理と方法を求める。

1005-7 C3037

船寄俊雄／無試験検定研究会編

近代日本中等教員養成に果たした私学の役割に関する歴史的研究

Ａ５判　600頁　定価 9450円

教員養成に果たした私学の役割を，「許可学校」という制度から改めて振り返る。私学出身中等教員の供給の内実と，質的貢献を探る。多岐にわたる学科目の差異にも着目，様々な視点から分析する。

1382-X C3037

日本教育大学協会編

世界の教員養成 Ⅰ

――アジア編――

Ａ５判　196頁　定価 2310円

「諸外国の教員養成制度等に関する研究プロジェクト」のアジア諸国に関する研究報告。中国，韓国，台湾，タイ，マレーシア，シンガポール，ベトナム各国の教員養成を明らかに。

1456-7 C3337

日本教育大学協会編

世界の教員養成 Ⅱ

――欧米オセアニア編――

Ａ５判　168頁　定価 2100円

「諸外国の教員養成制度等に関する研究プロジェクト」に関する研究報告。アメリカ，イギリス，フランス，ドイツ，デンマーク，オーストラリア各国の教員養成およびOECDの政策提言について明らかに。

1457-5 C3337